JN062822

Learning & Being

シリーズ
学びと
ビーイング

4

［編著］

河口竜行
Kawaguchi Tatsuyuki

木村剛
Kimura Go

法貴孝哲
Houki Takaaki

皆川雅樹
Minagawa Masaki

米元洋次
Yonemoto Yoji

学び続ける教師の
あり方（Being）とは？

はじめに

　『シリーズ 学びとビーイング』の最終となる第4巻、「学び続ける教師のあり方（Being）とは？」をお届けします。本シリーズは、2022年10月から刊行を始めました。第4巻では、私たちが企画当初から大きなテーマとして考えていた「教師のあり方」を取り上げます。第1巻から3巻までのテーマは次のとおりです。

　　1. いま授業とは、学校とは何かを考える
　　2. 授業づくり、授業デザインとの対話
　　3. 学校内の場づくり、外とつながる場づくり

　これまで約2年にわたり、多くの寄稿者、読者の皆さんと共に、授業・学校、授業づくりや場づくりについて考えてきました。また、コロナ禍を経た後には、取材やイベントなどでリアルに言葉を交わしてきました。そのなかでユニークな実践、未知の現実を知り、新しい視点を得ることができました。

　そして私たちは、授業も学校も場づくりも、それを変化・発展させる主体となるのは、そこにいる人たちの「あり方（Being）」であるというシンプルな考えに立ち返ります。

　本書では、さまざまな立場で教育に関わる32人の方に、それぞれの経験と実践、希望に基づいた「教師のあり方」について寄稿していただきました。

　自分はどうしてここにいるのか、自分は何を考え、どうしようとしているのか、どんな形で周囲とつながりたいのか。若手の方からベテランの方まで、自身をふり返り見つめ直すような言葉が集まりました。

　本シリーズは、読者の皆さんが各巻のテーマについて考え続けるきっかけになることを、一貫して目指してきました。4巻が揃い、ここがスタートラインです。本シリーズを出発点として、多くの対話が生まれることを願っています。

2024年3月

編集委員一同

『シリーズ　学びとビーイング』の刊行にあたって

第1巻に掲載したものをそのまま再掲します。

　このたび『シリーズ　学びとビーイング』を刊行します。

　先行きが見えない社会のなかで、自分は何を大事にするのか？　自分のビーイング（Being：あり方）は何か？　を考え続けてみたい、そして面白いことをやってみたい。教育や学校をテーマにした研修会や本づくりで関わり合ってきた6人が、そんな気持ちを持ち寄ってこの本が生まれました。

　この本で考えてみたいテーマは、例えば次のようなものです。

　「学校」とはなんだろう？

　「授業」とはなんだろう？

　「学ぶ」とはなんだろう？

　「ドゥーイング（Doing）」ではなく、「ビーイング（Being）」から考えるとはなんだろう？

　大きなテーマばかりですが、自分と向き合い、場と向き合い、能力と向き合いながら、どこにいても、どんな時もずっと考え続けていきたいことです。

　これらのテーマで本をつくろうということは、6人の間ですぐに決まりました。しかし、具体的な企画を考え始めたところで、誰からともなく次のような言葉が浮かんできました。「これは一冊の本でなにかを提示したり、まとめたりできるようなことではないのでは」「私たちだけで考えるのではなく、多くの志を同じくする仲間と交流をしながら考えていくほうがはるかに大きな成果を生み出すのでは」と。

　そんな気づきから「学びとビーイング」をメインテーマにした、寄稿を中心とするシリーズを刊行することに決まりました。『シリーズ　学びとビーイング』は、2022年秋から4冊の刊行を予定しています。

　この本の特徴の一つは、シリーズ各巻の特別テーマについての論考を多くの

方からの寄稿を中心に構成したことです。教員として現場に立っている方々を
はじめ学校以外の多彩なフィールドで活動している方々にも寄稿をお願いしま
した。日頃、なかなか交流することのない異分野・異業種からの発言は、テー
マを深く考えるためのきっかけとなり、より豊かな議論をスタートさせる土台
になるのではないかと考えています。

　この本は、読者の皆さんに一つの「答え」をお見せするタイプの本ではあり
ません。一つのテーマに対して、この本をベースに対話の場がたくさん生まれ
ることを目指しています。

　最後に、この本の編集委員の6人は『シリーズ　学びとビーイング』の刊行
を進めるとともに「学びーイングサポーター」として活動していきます。多く
の方々と共に歩んでいきたいと思います。

2022年9月

編集委員
（学びーイングサポーター）

河口竜行

木村　剛

法貴孝哲

皆川雅樹

米元洋次

安　修平

特別寄稿
学び続ける教師のあり方（Being）とは？

　『シリーズ 学びとビーイング』の最終巻となる第4巻のテーマは「学び続ける教師のあり方（Being）とは？」です。

　教師のあり方というと、あるべき姿、手の届かない理想像のようなものを思い浮かべがちですが、それは夢としての意味はあるにしても、現実の場では、大して役に立たないものです。32人の寄稿者には、ご自身のこれまでの経験や実践、そこから生まれた希望をもとにした「あり方（Being）」について率直に書いていただけたと思います。

　多くの寄稿者が、生徒・児童、子どもたちから学んだ、もしくは、共に学び続けていると書いています。また職場の同僚や職場外のセミナーなどでの出会いでつながった仲間からの影響も大きいようです。

　また「回遊する」「流動性」などの言葉を用いて、教師と教師以外のキャリアを往還したり、職場を変える、学生として学び直す、ライフステージごとにフルタイムとパートタイムを使い分けるなど、教師という職業や一つの学校にとらわれない生き方こそが自分自身の可能性を広げるという考え方も目立ちました。それは教師という集団には多様性が必要という議論とつながっているかもしれません。教師の責任・自由、地域とのつながりについても論じられています。

　3巻までは、寄稿者の職種、活動分野、所属などをもとにした括りをつくり、その括りごとに順番に掲載してきましたが、今回はそうした括りを超えて多様な方々に執筆していただいたので、それぞれの寄稿の内容にそった緩やかな流れで掲載しています。

　教師のあり方という漠然とした大きなテーマについて、ご自身に即して書いてほしいという「無茶」なお願いに応えていただいた寄稿者の皆さんに、あらためてお礼申し上げます。

子どもの学びを支える、私たちの「ビーイング」

青柳圭子

成城学園中学校高等学校 教諭 国語科

学校での学びを開く

　　世界は学びに溢れている。お肉が美味しく焼けるようになった。はじめて訪れる場所にたどり着いた。説明書を見ながら家具を組み立てた。私たちは日々の暮らしの中でささやかながら無数の学びを経験している。学ぶことは生きることそのものなのだといってもいい。

　　そう考えると、学校での学びとは、途方もなく広がる学びの世界の一部分に過ぎないことがわかる。だが、学校での学びについて考える時、それが教員である私たちにとって自分事過ぎるせいか、近視眼的にとらえてしまいがちである。社会と切り離されて語られる学校の学びは、どこか閉塞感を伴う。テストや入試のために正解に向かって走るイメージは、寄り道や失敗が許されないような重圧を感じさせる。

　　しかし、私たち教員は、学校での学びがとてつもなく大きくかけがえのないものであるということもわかっている。それはなぜか。学ぶ主体としての子どもたちに無限の可能性があるからだ。驚異的な成長に幾度となく立ち会ってきた私たちは、子どもたちに内在する力をいかに引き出していくか、という課題に向き合うことこそが自身のあり方なのだと理解している。教員は生徒の存在なくして成立しない。ならば生徒の学びを支える教員のあり方とは何か。そして学校での学びをいかに解放していくのか。少し考えてみたい。

近くで学びを見届ける

　　私の勤務校である成城学園中学校高等学校は行事がとても多い。特に自然の中で体験する活動が多く、初任者の時は引率も大変だった。中1の海の学校では遠泳の補助として教員がボートを漕ぎながら生徒を見守る。多摩川でボートを練習し、海では遠泳の前に先輩の先生から個人レッスンを受けた。中2の山

の学校では一緒に北アルプスを登る。トレーニングと称して先輩方と南アルプスの北岳に登った。スキー学校は教員がコーチとして指導するため、事前に研修会に参加したこともある。昔だからできたことなのだろう。生徒の成長を近くで見届けるために、これほど自身も体を張らなくてはいけなかったのか、ちょっとした疑問が残らないわけではないが、とにかく必死にやっていた。

　それでも、課外活動は子どもたちに教室では得られない確かな学びをもたらす。教員はただ近くで見届けるのだが、それすら決して簡単なことではない。私たちにも多くのことが課せられ、時には息も絶え絶えになりながら、子どもたちに寄り添っている。子どもたちは、そんな教員の姿をちゃんと見ている。教員のがんばる姿が子どもたちの学ぶ姿勢を支えている。

自由に行き来する視座

　それぞれの学校で子どもたちがどのように学び、その後の人生にどうつなげていくのか、ロードマップを思い描き、デザインし、検証する。教員である私たちは皆何らかの形でこのことに携わっているのではないだろうか。私は勤務校で入試広報という立場からこのことを考えてきた。考えるためには学校の内外からアプローチするような学びが必要不可欠だった。学習指導要領改訂、大学入試改革、高大連携、ICT、探究学習、国際教育。子どもたちをめぐる社会の動きと学校での学び、そしてその学びの入り口としての入試。教育をめぐる問題は複雑で多岐にわたっているが、それらの問題と目の前にいる生徒たちの学びをシンクロさせることは難しくも興味深い。立場や役職上仕方なく勉強しているという人もいるかもしれないが、私にはこれらのPBLともいえる学びがとても楽しいのである。

　なぜ楽しいのか。学ぶことで学校という枠組みの外に跳び出すことができるからだ。そして学校の枠組みに囚われている自分に気づく。外の世界から眺めると学校という場の小ささ、狭さ、そして大きさ、かけがえのなさが理解できるような気持ちになり、さまざまな視座を自由に行き来する感覚が得られる。その感覚を持ち帰り、学校で実践してみたくなる。学んだことをそのまま取り入れようとするとうまくいかない。目の前の子どもたちや学校となじむのに時間がかかる。教員としての力が試される。

　そして、もう一つ興味深いのは、学んだ教育課題を成城学園の教育方針と結びつけてみることだった。成城学園は創立時より「学習者中心主義」を教育の

核としてきた。生徒が何をどのように学ぶのか、実態をよく観察し、そこから授業を設計するという考え方である。その考え方と結びつけて「成城学園らしさ」を追究していく。これもとても難しいが楽しい。どの学校にも、その学校が生まれた時の物語がある。最初から学校を立ち上げるという場合には、物語を創ることから始めるのだろうが、それもまた興味深いことなのだろう。

　学ぶことで学校の外に向かい、学びを学校と結びつける。一日の大半を過ごす学校を、そんな自由な心でとらえられたなら、生徒の学びを解放してあげられるのではないかと思うのである。

子どもの学びから見えるもの

　日々の授業を組み立てる時、子どもたちを思い浮かべて授業をイメージする。実際の授業では、意外にも「これは難しいのでは」と思ったものができることも、また逆の場合もある。子どもたちのことを思い浮かべるという当たり前なことの積み重ねによって何かしらの力が鍛えられている気がする。そして最近は、中高の前後にある子どもたちの学びから示唆を得ることも多い。

　併設されている成城幼稚園や初等学校の活動を見学するといくつもの発見がある。初等学校の低学年には「さんぽ」という教科が特設されている。目的を持たず歩くのだが、こちらが気づかないような新しい発見を一人ひとりが体験する。まさに「気づき」の時間なのである。同じく低学年の「遊び」という教科では思い思いのことに夢中になり、「試行錯誤」を繰り返しながら活動する。その様子を見ていると、探究学習の中で「気づき」と「試行錯誤」の感覚がいかに大切かがわかる。

　大学とその先の学びについては成城大学とのさまざまな連携、そして他大学への訪問、授業体験、さらに会社訪問の機会をいただき、中高までに培うべきは知識だけでなく、「ものの見方、考え方」なのだと感じる。子どもたちの学びのあり方が見えてくるのである。

無数の「ビーイング」が支える学び

　ここまで教員のあり方、子どもたちの学びのあり方について考えてきた。それを今回のテーマである「ビーイング」という言葉と結びつけてみると何が見えてくるだろうか。

唐の思想家で詩人でもあった韓愈は『師説』の中で「師は道を伝へ業を授け惑ひを解く所以なり。」と述べている。師は道、つまり「人としてのあり方」を伝え、知識や技術を授ける存在であると。そしてそれは誰もが持つ迷いを解決させるためであるという。

　そう考えるとこの本のテーマである「ビーイング」とは「道」であり、知識や技術は人としてのあり方を追究するためにこそ必要なのだとわかる。そして問うてみる。学びの大前提ともいえる「ビーイング」だが、学校での学びにどれほど意識され、語られているだろうか。私たちはどれほど「ビーイング」を伝えているだろうか。道なき学びの空虚さを子どもたちに感じさせてはいないだろうか。

　では私たち教員の「ビーイング」とは何だろう。正解などない。限定できるものでもない。その人が生きてきた中でつかみ取っているもの、削いできたものなのだとすると、教員の数だけの「ビーイング」がある。学校の枠に縛られない、もっと広い世界からの無数の学びを通して得たもの、それを学校に持ち帰る時、私たちの「ビーイング」が形を成すのではないだろうか。「道を究める」という時、重要なのは「誰から学ぶのか」ということだろう。特別な能力はなくていい。自由な心で子どもたちの近くにいる。そんな教員の「ビーイング」によって子どもたちの学びが支えられていく。

　最後に「学び」の意味について私が大切だと感じている二つのことを述べたい。

　まず、世界の無限の広がりを感じること。学びは大きな喜びと自信につながる。だが、学びには終わりがない。学ぶことによってわからない世界やできないことを知る。自分が知らないこと、できないことに気づくことこそ「学び」の意味なのではないだろうか。

　もう一つは助け合うこと。わからない世界やできないことに気づき、それができる人や同じようにできない人と協力し合う。誰かとつながるということである。

　これら二つの「学び」が子どもたち一人ひとりに繰り広げられる場所、それが学校であったならと願う。そしてそこに寄り添う教員の「ビーイング」を追い求めていきたい。

あおやぎ・けいこ　東京学芸大学大学院国語教育研究科修了。成城学園中学校高等学校で国語の授業を担当するかたわら、2024年3月まで入試広報業務に携わる。成城大学文芸学部非常勤講師。東京私立中高協会教務運営委員。東京私立中高協会現職中堅研修委員。

わたしの変容から小さく組織を巻き込む挑戦へ
——人生の経営者を育てたい

江藤由布

大谷中学高等学校 学習指導部長 英語科
一般社団法人オーガニックラーニング 代表理事

1. 学級経営の変遷——最初の10年

　何を伝えたいかもわからなかった初任の4月。教科書をポンと渡されてわたしの教員生活が始まりました。研修があるわけでもなく、周りの先生が教えてくれるわけでもない。当時は狼の群れのような集団を作っていて、気づくと素行の悪い生徒たちが姐さん、姐さんと慕ってついてきていました。夏休み前のある日、彼らは「先生、俺ら毎日50円ずつ出してメシおごるから補習してえや」と言い出しました。授業の内容も声かけも全てが横暴でしたが、生徒は離れませんでした。時には補習のあと海へ行くこともありましたし、時には生徒が大怪我をして補習に来るということもありました。夏中、毎日 "A drowning man will catch at a straw." なんて唱えていて、とうとう藁をキャッチ。大学入試で大逆転する生徒も出ました。

　正担任になった頃はとにかく周りの評価が怖くて強権的な「政治」を敷いていました。あえて言うなら、「女王の教室」。縛り付けて勉強させ、きつい言葉かけしかできず、笑うこともなく、生徒は半径2メートル以内に近づきたくない雰囲気だったそうです。どうやって数字を達成するかということで頭はいっぱい。次の模試が大事だからという自分の言葉にすら自信が持てず、さらに締め付けを強める負のスパイラルにはまりました。扱いやすいと評判のクラスでしたが、1ヶ月間海外研修に連れて行った時に衝撃を受けました。大人しく言うことを聞く子どもたちは、ニュージーランドでは自分から動こうとしない、評価の低い子どもたちだったのです。

　その次に目指したのは経営しやすいクラスです。当時は長男の育児休業復帰直後でしたが、時短なし、担任・営業・部活あり、学校の看板クラスの英語を全て受け持つことになりました。生徒にリーダーを選ばせて、さらに残りの生徒に誰について行きたいかを選ばせたので、何でも助け合ってスムーズに進む一方で教室は完璧なヒエラルキー社会と化しました。地元のトップ校を目指し

て効率だけを重視した結果、「進学実績」が爆上がりしました。

　一方で、学級崩壊の夢を見てうなされ続けていました。そもそもドリルが大嫌いで、プロジェクト型、探究系の学習で子ども時代を過ごしたわたしですから、相当な無理をしていたのです。でも「国公立大学にたくさん入学させた人」を達成したら、学校でわたしに文句を言う人が激減しました。10年目にして他人の評価を気にしなくてもよくなりました。

2.　学級経営の変遷——次の10年

　転機が訪れたのは次男の出産と同時にiPadが導入された2013年です。情報伝達の手段が一気にデジタル化しました。そもそも産休と育休で半年学校を空けたので、生徒を管理しようがありません。また、前年3学期の国公立大希望者向けの指導時に生徒同士の学び合いの方が結果的にトップ校合格者数を増やした実感から、授業自体も手放そうと考え、生徒主体に切り替えました。学ぶ目的を大切にし、学校の学びと社会の学びをイコールにしたいと考え始めました。学校の中だけの活動では飽き足らず、オーガニックラーニングを立ち上げたのもこの頃です。生徒には当時「人生の経営者となれ」「失敗しない君の人生それ失敗」「エトーの意図を汲め」の3つを常に伝えていました。

　3年後、兵庫県の佐用町で「ラーニングスプラッシュ」をスタート。地元の農家、起業家、全国の先生が入り混じってのオーガニック料理や焚き火ヨガ、対話を中心とした研修ですが、運営は高校生がしていました。北は北海道、南は九州からの参加者もあり、全国の先生方の想いが伝播し大変な盛り上がりでした。当時の生徒は、学年が上がるにつれ東京やスイスなどの大人のワークショップに参加したり、東京で開催されたインド模擬国連に参加したりと学校を飛び出して行きました。自分の学びが生徒の学びと相似形になった頃です。ちなみに2013年以降10年間、学級崩壊の夢は見ていません。

　そして20年目のこの年、ご縁があって最初に勤務した学校を辞めました。

3.　オーガニックラーニング——人生の経営者と共感の波及

　それって有機野菜でも販売されているんですか？　2015年に一般社団法人オーガニックラーニングを立ち上げ、活動を始めた頃よく聞かれました。確かにオーガニック農家ともコラボレーションして活動していましたが、有機野菜

は扱っていません。オーガニックといえば、当時知り合ったブドウ農家が話していたことがあります。それは、水も肥料も与えすぎない方が根が深く張り、滋味深いブドウができるというものでした。逆に与えすぎると均一で面白みのない味のブドウ、そしてワインになると聞き、まさに自分が目指している方向と同じだと感じました。

オーガニックにはもう一つ、組織経営の意味も含ませています。トップダウンのピラミッド型の組織ではなく、アメーバ組織やフラット組織といった、小さな集団が変革を起こしていく組織経営を重視するということです。学級経営でいえば、効率重視のピラミッド型の時代よりも、生徒のマインドが醸成される場を育て、対話を重視し、小さなプロジェクトを回していった時代の方がはるかにいいクラスができた経験に基づいています。生徒とともに学び、成長することを目指しています。

子どもの頃から人前に立つことは苦手で、書くことも大嫌いでしたが、オーガニックラーニングの活動をするようになって一転しました。小麦アレルギーを発症するほどのストレスと闘いながら、3ヶ月で100本というブログノックやオンラインでの登壇、ワークショップを続けているうちに発信することが苦ではなくなったのです。対面も大事ですが、日本中の仲間とつながりながらオーガニックに学ぶことができるいい時代になりました。

4. 学校組織で小さく巻き込んでいく
——人生の経営者が育つ場を創りたい

2023年、大きな転機となったのは担任を外れ、学習指導部長になったことでした。これまでは、自分の受け持ちの生徒にしか意識が向いていませんでした。しかし部長職になると一人で仕事はできません。学習指導部という部署の先生や事務職とオーガニックなつながりを築くことが仕事のクオリティ自体よりも優先される場合もあります。相手がこのくらいならわかってくれるだろうと、たかをくくっていると全部一人でやる羽目になりますし、結果的にそれができたとしても持続可能なやり方とはいえません。

そのため、部署では毎週1時間は必ず集まり、関係性作りを大事にしています。チェックインで先生方の声を聞いたり、質問作りのワークショップをしたりと、部署での仕事の内容より「なぜ」を伝えることを大事にしています。

今年の新たな取り組みは、授業発見ウィークという授業見学の取り組みや、

授業作りの小さな研修会、ICTスリーミニッツという職員会議でのプレゼンテーション。どれも具体的なスモールステップです。学校の先生たち全員を一気に巻き込むのではなく、まずは半分くらいの先生が興味を持ってくれることを目標にしています。最近、この部署の会議を楽しみにしてくれる先生もいて、活発な議論が飛び交う対話の場になりつつあります。

　ただ、わたしは人に伝えるのが本来はあまり得意ではありません。だからこそ、大切にしていることがいくつかあります。

1）自分がご機嫌であること。不機嫌なリーダーについて行きたい人はいません。
2）遊びゴコロや雑談を大事にする。面倒な仕事も可能な限りプレイフルに。
3）自分が学外で講演や勉強をしに行く時、若手を誘い外につなぐこと。
4）ルーチンワークについてはどうすれば楽になるかを共に考えて実践すること。
5）俯瞰して理念を語ること。現場の視点だけでなく、多様な視点で話すこと。

　大きなイベントを打ち立てたりしなくても今はいいと思っています。現場のチームがワクワクしながら学び、想いを形にしていけば、人生の経営者が育つ場を醸成できるはずです。最近、若い先生がウェルビーイングを学校の中心におきたいとか、ときめくこと以外はいったん捨てたい、などと言い出したことが心強いです。

5.　さいごに

　今年度、自分にとって二つの大きな変化がありました。人生100年時代の折り返し地点を迎え、定年まであと10年を切りました。若い先生方が働き続けたいと思える職場にするにはどうしたらいいのか。周りに耳を澄ませる日々です。プライベートでは長男が自分の意思で大阪を出て札幌新陽高校に進学したこと。オーガニックラーニングでつながってきた先生たち、家族、そして学校という組織が重なりました。奇しくも札幌新陽高校の現教務部長の田渕久倫さんはかつてラーニングスプラッシュに二度も参加いただいた方で、『学びとビーイング』の第2巻に寄稿されています。素敵な循環は、つづく。

えとう・ゆう　I am a mother first.「人生の経営者を育てる」というビジョンのもと、自分で手綱を持って進める人の育成に努めている。ADE、Canvassador、Canva教育クリエーター

「教える」「教わる」の逆転——教師のマインドセット

前川修一

福岡県立ありあけ新世高等学校 主幹教諭 地理歴史科
定時制課程4年担任

1. 修学旅行での思わぬ出来事

　　約20年前、初任校で衛生看護科2年生の担任をしていた時のことである。東京方面の修学旅行引率中、開園直後の東京ディズニーシー訪問を翌日に控えたその日、父の危篤の知らせを受けた。宿泊先の日本青年館で一人荷物をまとめ、夜の班長会議に臨んだ。「僕がいなくても、君たちが立派に過ごすことがクラスへの貢献だ。他の先生に迷惑をかけてはいけない！」。きょとんとする班長たちだったが、翌朝青年館の玄関前でバスに乗った生徒たちは「先生！　がんばってねー」「先生！　お土産持って帰るけんねー！」と口々に声をあげ、車窓から何度も何度も手を振って出発していった。

　　いまでも私は、その時の光景をありありと思い出すことができる。葬儀の際、「先生のクラスは立派でした。何も問題ありませんでした」と同僚から言われ安堵するとともに、自分のそれまでの「指導」は間違いなかったと確信したものだった。

2. 皆川さんの言葉に教育観が崩れる

　　時は流れて、教育改革の時代がきた。専門教科である日本史の指導に行き詰まっていた私は、状況を打開するため、先進的にアクティブラーニング型の日本史授業を実践されていた皆川雅樹さん（専修大学附属高等学校・当時）のもとを訪ねた。彼は博士号を持つ歴史学者でもある。歴史学的アプローチと、受験に必要な歴史用語の定着をAL型授業でいかに実現しているのか、私はどうしても意見が聞きたかった。

　　私は皆川さんに「卒業生のインタビュー記事を見ました。その中で『皆川先生のおかげで、高校時代に培われたものの見方や考え方が、大学に入ってから役に立っています』と語られていて、とても感動しました」と話した。すると

彼はこう答えた。「私の理想はですね、卒業生たちから『あのころ日本史頑張ったよね。みんなで協力して調べていろんなこと学んだし、楽しかったね。ところで、先生(担当者)って誰だっけ?』と言われることです」。

あくまで学びの主体者は生徒なのだから、教師の印象が記憶として残らなくても、学びそのものが記憶されればそれでよい、ということだったろう。私がこれまで培ってきた教育観が、音を立てて崩れていく瞬間だった。

3. 定時制への異動—人間不信の生徒たち

さらに時は流れて、元号が平成から令和に変わる年、私は公立学校の採用試験を受けて福岡県立ありあけ新世高校定時制課程へと異動した。

それまで、定時制高校については、経済的な理由による勤労学生は少なく、「やんちゃ」な生徒たちが集まっているというイメージを持っていた。しかし実際に生徒を前にすると、発達障害や複雑な家庭環境などのさまざまな事情で小・中学校で不登校となり、人間関係の構築に失敗して心に傷を負っている子どもたちが大半だということがわかった。

2年目(2020年)に1年生の担任となった。入学試験の際、休憩時間ごとに廊下に出て、誰とも顔を合わせず、壁に向かってじっと座っている生徒がいた。ある生徒は、家庭訪問の際「入学するにあたって、不安なことはないですか?」と問いかけたところ、まるで狼のような目つきをしながら「他の生徒とうまくやっていけるかとても心配です」と答えた。彼は入学前の登校日の際、廊下で身体が硬直して、説明会場に一歩も入れなかった。

学期が始まる直前、生徒たちの出身中学に聞き取りをして回った。LGBTの当事者として壮絶な体験をしていたり、いじめにあったり、部活動での人間関係がうまくいかず不登校になったり、他の高校をやめて入りなおしてきている生徒などの、実にさまざまな事情を聞いた。

学級作りについて構想を巡らしていた矢先、新型コロナウイルスのまん延に伴う休校措置が取られた。私は生徒が生活リズムを構築できるか不安に思い、オンラインでのホームルームを、授業開始時刻の17時20分から毎日開くことにした。コンセンサスゲームを試したり、ブレイクアウトセッションを多用し、小グループで対話できるよう工夫したところ、予想外のことが起こった。彼らは結構対話をした。というより、話すことが苦手に見えた彼らは、むしろ他者と話したかったのである。

授業が再開されて間もなく、全国すべての定時制高校が参加する生活体験発表会（弁論大会）のクラス予選を行った。人前で意見を発表する経験のない生徒たちに考慮して、一人でタブレットに向かって話すという方策を思いついた。まだ一人一台端末が配備される前だったので、発表の様子は画像をプロジェクターで映し、全員で視聴する。タブレットに向かって話せば、他人と目を合わせることもなかったし、声が小さくともマイクが拾うので発表のハードルが下がる。どうしても話せない生徒には別室で話してもよい、場合によっては話さなくてもよいと伝えた。

　発表は不登校の理由など身の上を語る内容がほとんどで、これまでの精神的な辛さを赤裸々に語り、同じような体験を持つクラスメートによって共感的にとらえられた。人前での発表を躊躇していた生徒も、「自分も発表したい」と言い、言葉に詰まり、涙ながらに、ゆっくりと、しかし懸命に話しだした。その様子に対して、せかしたりイライラしたりする生徒は皆無だった。全員が辛抱強く一つひとつの言葉を聴いていた。生徒たちの隠されていた人間性を感じた最初の出来事だった。

4.　待つことで発揮された生徒のチカラ

　私は対話学習に自信があった。AL型授業を続けるなかでさまざまなスキルを身に着けてきたつもりである。1年生の年度末に「総合的な探究の時間」の中間発表を、KP法（紙芝居プレゼンテーション法）で行うことにした。彼らはマーカーのさまざまな色を使いながらデザインし、KPのシートを黒板狭しと自由に貼りながら、調べたことや自分の考えを自由に語った。これが、想定外に面白かった。

　彼らはもっとやれるはず。2年生の「総探」ではパソコンによるスライド発表を課してみた。審査員には東京大学の栗田佳代子教授など、学術、実業界などで筆者が信頼する（定時制高校生の自己肯定感を高めてくれると確信した）人物にお願いし、全国8か所をオンラインでつないで審査・講評を仰いだ。

　しかし、発表会が迫ってきても生徒たちにはエンジンがかからず、大半の生徒がスライド15枚のうち最初の2〜3枚で止まっていた。校長はじめ学校側も「錚々たる先生方を審査員に呼んで、本当に大丈夫なのか」と心配していたし、私も内心は不安だった。しかし、彼らを信じて企画したのだから、何かを強制して主体性を奪っては元も子もないと心に決め、苦しかったが口出しをせ

ずひたすら待ちに徹した。

　生徒のスライドに共有設定をして、発表会前日の深夜までPCを眺めていた。すると深夜1時を過ぎたころからスライドが一斉に動き始めた。明け方の4時から5時にかけてほとんどの生徒が15枚のスライドを作り終え、結果として優勝することになる生徒は、介護のアルバイト先の病院の更衣室で最後の1枚を完成させた。当日の正午過ぎである。

　発表では、アンガーマネジメント、海洋汚染、食の歴史、言語の背景にあるもの、アニメのキャラクター設定の特徴、イグノーベル賞論文を自宅の猫に置き換えた「猫は液体か？」など、全員が審査の先生方をうならせる発表をした。アルバイトと学業を見事に両立させながら、独自の考察や自分事にとらえたテーマを設定していると審査員からも学校内からも評価された。

5.　「普通」の人々

　3年生になると入学当時の人間不信は嘘であるかのように、やかましいクラスになった。「哲学カフェ」の実施や、世界の様々な国・地域から200人以上が参加したOECD学校会議への通訳を介したオンライン参加など、私はどんどんハードルを上げていったような気がする。定時制高校としての高みを目指し、取材もされるまでになった。しかし、イベントの翌日には、彼らはもう自分たちの達成した偉業を忘れる。しきりに褒めようとする私に対しての、ある生徒の言葉。「べつに、私たち普通じゃね？」

　卓球部の大会の帰り、しゃぶしゃぶの店に食事に行った。食べるだけ食べたテーブルの上で、誰も何も言わなくとも彼らの手が動き始める。みるみるうちに何十枚もの皿が重ねられ、テーブルが拭かれ、来た時よりも美しくなる。

　水害で家を流された生徒に、3日後ようやく電話がつながった。親戚の家に預けられているという。その第一声。「先生、他のみんなは大丈夫でしたか？」。廊下で身体が硬直して一歩も歩けなかった、あの生徒だ。

　彼らは「普通」なのだろうか。もはや彼らの成長に、私の方が多くを学んでいる。すでに置いてきぼりにされている。

　長く美化してきた日本青年館の記憶、いま思えば真の理解にはほど遠かった皆川さんの言葉、そして卒業を目前にした「普通」の人々。「教え手」と「学び手」の主客の逆転、それにともなうマインドセットの変容を、いまようやく自覚できている。

（編集部注：前川修一さんの所属・肩書は執筆時の2023年11月のものです。）

まえかわ・しゅういち　1967年熊本県生まれ。私立高校に24年間勤務したのち、福岡県立ありあけ新世高等学校（定時制課程）主幹教諭。専門は日本史。2015年よりAL型授業を模索。2021・22年度福岡県ふくおか教育マイスター。

学びと幸せを真ん中に、生徒と成長する教師

天野由美香

市立札幌大通高等学校 教諭 英語科

　私の教員としての在り方をつくったものは、自身のこれまでの原体験にある。小学校の頃から学校が好きでなかった私は、自分が緊張を強いられる場面や、先生の言動に疑問を持ったとき、自分が先生だったらどうするだろうかと考えていた。子どもの頃に自分が感じたことを忘れないように、生徒一人ひとりの想いを大事にしながら日々実践をしてきた。今もこれからも教員として大切にしたいと思うことについていくつか述べていきたい。

「育てる」ということ

　国際貢献活動をする部活動の一環で、無農薬で綿を育てている。栽培を通して関連する世界的問題・課題への気づきを高めることが目的である。栽培のノウハウはなかったがひとまず種を購入し生徒と一緒に育て始めた。最初の年は見事に失敗し一つも発芽しなかった。翌年は（株）ITONAMIが主催する綿から服をつくる参加型ものづくりプロジェクトに参加し、育て方を学び、学校で実践してみると、見事発芽に成功した。成長して変化するたびに新しい発見があった。毎日観察していて思うことがある。植物はほんの小さな種から芽が出て実を結ぶ。水をやり過ぎても、日に当て過ぎてもうまく育たない。人間が育てようとするよりも、植物の力をよく知りそれを信じて必要なときだけ手助けをし、育つのを待つのが上手に育てるコツかもしれない。水やりをしているとき、「植物は人の足音を聞いているらしいよ」と同僚の理科の先生が教えてくれた。誰かの存在を近くに感じるとそれに応えるが如くよく成長するという。

　あらためて考えてみると、植物と人の成長には共通点がある。それぞれに持つ個性を理解し、必要なときだけ手助けをし、あとは本来持っている力を信じて待つことが、のびのびと育てるコツなのかもしれない。人の場合は、周りの大人が子どもの個性をよく理解し、必要があれば手を貸すが、あとは子どもたちの力を信じて待つことが大事だ。そして、誰かの存在をいつも近くに感じら

れる安心感が子ども自身をたくましく成長させるのかもしれない。

　一方で、植物は勝手に進化して種を蒔いたときは想像もしていなかったような別の実をつけることなどないが、人は、初めは想像すらできなかったような成長を遂げることがある。人間の面白さはここにある。

　長らく外国につながる生徒の支援をしている。入学時日本語を話せない生徒は少なくない。1年生では日本語の授業を履修し、日常会話の習得を目指す。4年経つと日常会話だけでなく、漢字で読み書きできるようになり日本の大学へ進学していく生徒もいる（本校は単位制・定時制高校で、4年で卒業することを基本としている）。

　韓国出身のある生徒は入学してきたとき平仮名の読み書きもおぼつかなかった。けれど話すことが大好きで、日本に来た理由、好きな人のこと、将来の夢などいろいろな話をした。日本語の本を読めるようになると次第に会話の内容も高度になり、4年生になる頃には日本の教育や子どもの相対的貧困に興味を持つようになった。威勢よく批判的な意見を言っていたかと思えば、ときどき深く悩んでしまうこともあったが、私がしたことといえば、その批判的意見に耳を傾けたり、考えが極端に傾いたときには反対の意見を述べたりしたくらいだ。彼からあふれ出す社会への疑問が核心を突いていることもあり、こちらまで頭を悩ませてしまうことがあった。それまで「考える」ということを放棄していたかもしれないと思うほど、2人でいろんなことについて「考えた」。卒業後は高校時代に出会った人の影響で興味を持ったコーヒーの道具一式をバックパックに詰め海外に行き、旅先でコーヒーを淹れながらいろんな人と語りあっていた。そこから着想を得て大学のビジネスピッチコンテストで優勝も果たした。今はコーヒーの味や品質を追求するバリスタのような仕事に就いている。いまだに何かあると学校を訪ねてきてくれ、話をする。いつも彼の考えや行動には驚かされるばかりだが、これからの成長を楽しみにしている人の一人である。

生徒の「好き」を見つけ、感性を育てる

　英語の基礎を学ぶ科目では自己紹介に始まり、自分のことや思いを表現する学習が多い。日常では知り得ない生徒の人となりが案外見えてくる。加えて、ペアやグループワークでの動き方、英語で話すことに挑戦しようとする態度などから生徒の特性もわかる。

　10年くらい前までは、生徒に趣味を聞いても、あまり好きなものはないという返事が多かった。自分の気持ちや感性に鈍感になっているのか、もしくは

好きなことを聞いてもらう機会や人が少なかったのではないかと感じられた。ところが最近ではネットなどを通して様々なコンテンツが提供されるようになったからか、音楽一つとっても、多種多様で生徒それぞれが自分の「好き」を持っている。英作文を指導しながら「これはどういうものなの?」「これってどういう人なの?」と聞くと、目を輝かせて教えてくれる。生徒たちの「好き」を知ったあとが私の仕事だ。

　現在勤務している学校には、中学時代不登校だった生徒、人との関わりが苦手な生徒、社会経験が少ない生徒が多い。そんな生徒たちが学校の中だけでは学べない何かを見つけ生徒自身のキャリア形成に活かすことを目的として、様々な学校外の活動に参加させている。生徒の「好き」から興味を持ちそうな活動を見つけ「これやってみない?」と声をかける。気にはなっていたけれど自分ではなかなか一歩踏み出せなかった、という生徒が多いので少し背中を押してあげるのが非常に大事である。活動に参加後は報告書のやり取りをしながら生徒の活動をサポートする。報告書からは生徒の悩みや葛藤・課題・成長が読み取れ、興味深い。その一部を以下に紹介する。

> 　2日目途中、トラブルとかやばいことまみれでピンチだった。このトラブルの原因は管理とお仕事スタッフの報告不足で起きたことだったから、よくツイッターとかネットで見る「ほうれんそう」って大事なんだって実感できた。正直、進路で考えた「ホテル」って今までずっとしっくりきてなくて、今更また進路のことで悩んでたけれど、子どもたちとたくさんふれあって、子どもと関わる仕事がしたいなって思った。3時間やるバイトよりお金もらえないけど働きっぱなしのボランティアの方が楽しいってどういうことなの。

　これを読んだとき、まさにこういうことを感じてほしかった!と嬉しくなった。トラブルが起こったとき、なんとか対処しようと自分で必死に考えて動いたに違いない。誰かに言われたわけでもなく自分で考えて決定して動く、相手のことを思って動く、だから日常化したアルバイトよりも充実感が得られたのだろう。「やっぱりこれが好き」「楽しい」と自分の感情があふれ出る、そんな経験をたくさん積んで感性を磨き、自分軸——自分はどうしたい、こうありたいという自分の考えのもと行動すること——をつくってほしいと思っている。

　授業を考えるとき、いつも自分に問うようにしているのは、自分も「楽しい」と思える授業であるか、自分が今も学び続けている姿を見せられるか、ということだ。英語科の学校設定科目で「異文化研究」という授業を開講している。世界的・今日的問題について考えることを通して、自分のものの見方や考え方、ひいてはアイデンティティを見つめなおすことを目的とした授業である。

　ジェンダーについての問題を取り上げたときのことである。最近マスコミで取り上げられることも増えてきたせいか、今の高校生はジェンダーに敏感だ。これまで何気なく言われてきた「女らしさ」や「男らしさ」による苦い経験をクラスで共有し、海外の事例を踏まえながらジェンダーの捉え方、多様な性の在り方について一緒に学んだ。授業後、感想を読むと、多くの生徒は多様な在り方を受け入れ自分らしくいられる社会になることを願っていたが、一方でマスコミによって人々が過剰反応するようになったのでないかと問題を投げかける生徒もいた。ジェンダーレスの公共トイレ問題を巡っては、誰が使ってもよいものとすることで救われる人もいるが、見えないところでの犯罪の危険性が高まる可能性もあると述べていた。簡単に答えの出る問題ではないが、今現在社会で起こっていることを、無関心で終わらせず、多様な意見を聞きながら自分なりに真剣に考えてみることが、社会に対する感性を育て、真実を追求する大切さを学ぶことにつながっていくはずだ。

　1年間で多くのテーマを取り扱うため、私も日々の情報収集が欠かせない。授業では新聞記事を準備することもあれば、その日のニュースを扱うこともある。すると生徒も自然と「この前こんなニュース読んだよ」と世の中のできごとに関心を寄せ始める。高校生が今、何を感じているのか、どんな見方をしているのかに触れられるこの時間は、私をも成長させてくれている。

　たくさんの生徒と出会い、多様な大人の方々とお仕事をさせてもらう中で最近はこう思うようになった。

　これまでに培った知識を教える人（teacher）としてだけでなく、学びを促し導くcoachやfacilitator、学びをもっと豊かにするためのcoordinator、designer、creatorとして、さらに生徒とともに学び続けるlearnerであると同時に、自らも探究・研究するresearcherであるような、多様な役割を行き来する柔軟性を持ちながら子どもたちと日々向き合う「一人の人」でありたい。

（編集部注：天野由美香さんの所属・肩書は執筆時の2023年11月のものです。）

あまの・ゆみか　教職20年目。英語の授業の他、「人権」「ジェンダー」等、今日的・世界的問題を扱う講座も展開。また、外国につながる生徒の支援を担当し、これまでに世界21カ国の生徒たちと出会った。

共に学びを楽しみ、共に成長する仲間として

中村早知

新渡戸文化高等学校 教育デザイナー 国語科

古典嫌いがうっかり高校の先生に

　東京都の採用試験に合格し、とある高校から面接の電話がかかってきたとき、一番に思ったのは、「え、高校？　どーしよ。古典分からん」だった。大学の恩師にも同じことを言っていたらしく、会うと未だに「古典大丈夫か？」といじられる。

　私は父が元中学校の理科教師で本屋、母が小学校教師という家庭に生まれ、なんとなく自分は先生になるものだと思って育った。本を読むのは大好きで、国語は得意だったが、古典はどちらかというと嫌いだった。いつも現代語訳を丸暗記してテストに臨み、点は取れても何がおもしろいのかさっぱり分からなかった。

　東京都は中高の枠で採用され、校種を選べないのは分かっていたが、中学採用者の方が多く、希望も中学だったため、自分は中学で採用されるという謎の思い込みがあった。中学校の古典なら、嫌いでもかろうじて耐えられる。そもそも、高校の先生になりたいと思ったことは一度もなかったのだ。それなのに、高校の先生になることになってしまった。「古典、どーしよ！」である。

　最初の数年はとにかく辛かった。できない、分からないことだらけなのである。そのなかでもやはり、一番苦労したのは古典の授業だった。教えることになって初めて「係り結び」の意味を知り、高校時代、先生に教え込まれた「助動詞接続の歌」の使い方を知った。嫌いだから、古典への愛は語れない。せめて分かりやすい授業をしよう。そんな私の古典の授業は、生徒たちにはそれなりに好評だったらしい。しかし、相変わらず私自身は古典をおもしろいとも楽しいとも思えなかった。

　本当は、「分かりやすい古典」ではなく「楽しい古典」をやりたい。でもどうやって……だって、古典嫌いだし……。そんな思いを抱えながらも、二校目で昼夜間定時制に異動となり、「分かりやすい授業」がますます歓迎された。

そのため、私はより一層分かりやすい授業づくりに励むようになった。

学び続ければ大人も成長できる

　このままではいけない。分かりやすいだけの自分の授業をなんとかしようと、東京都の指導教諭（都を代表する授業のスペシャリスト）の模範授業を片っ端から参観しに行った。そこで出会ったのが、当時、都立日野台高校に勤務されていた佐々木宏先生だ。教員になって13年目のことだった。

　佐々木先生は、少しの説明をし、その後は教室の隅に立ってニコニコしていた。生徒たちはリラックスした様子で活発に意見を交わし、課題に取り組んでいる。主体的で対話的で深い学び、「アクティブラーニング」の授業だった。

　こんな授業がしたい。佐々木先生の授業に衝撃を受け、授業スタイルを大きく変更しようと決めた私は、暇さえあれば研修やワークショップに行くようになった。「アクティブラーニング」と名のつくものだけでなく、直観でおもしろそうと思ったものには大体行った。そこでたくさんのステキな方々に出会い、自分の教育の幅、興味の幅が広がった。学ぶのは楽しかった。

　東京都の国語科の先生たちが主なメンバーである、「KOKU★GO!」という集まりにも参加するようになった。メンバー同士の授業見学や、『羅生門』『こころ』『舞姫』などの定番教材の読書会を開いていて、この読書会は自分の小説の授業を見直すきっかけとなった。定番教材には、いわゆる「正しい解釈」のようなものがあり、問いの答え合わせで授業が進んでいきがちだ。この読書会はそれにこだわらず、自分なりの解釈を自由に発言できる場だった。年齢も性別も経験値もバラバラのメンバーが集まっているのに、フラットな関係でとても心地よい。全員が安心して自分の考えを話すなか、新たな視点や解釈が生まれた。授業でもこんな場をつくり、それぞれの視点で自由に作品を読んでいくことができれば、「正しい解釈」を待つような受け身の姿勢ではなく、もっと主体的に作品と関わっていくことができるはずだ。

　外で学んできたことを授業に取り入れながら試行錯誤するうちに、だんだん自分の授業が、「分かりやすく教える」から、「生徒が主体的に学ぶ」デザインへと変わっていったように思う。

　そんななか、縁あって都立日野台高校に異動になり、佐々木先生と一緒に働けることになった。日野台高校はこのとき、東京都の「アクティブラーニング推進校」に指定されていた。

知識を教え込むことをやめ、生徒主体の授業づくりをしていくなかで、私はようやく気がついた。古典の世界は美しいのである。このことは、和歌の魅力を嬉しそうに語ってくれたり、漢詩の風景を色鉛筆で描いてきてくれたり、「鶏鳴狗盗」の寸劇で、全力で鶏の鳴きまねを披露してくれたりした生徒たちが教えてくれた。古典が嫌いだった私は、生徒と共に授業を創り、共に学ぶことで、今では「古典は楽しい、美しい」と言えるまでに成長することができた。

「自律型学習者」を育てる学校へ

二人目の出産とコロナ禍を機に、東京都を退職し、私立の新渡戸文化高校で働くことにした。新渡戸は、教育活動の最上位目標に「Happiness Creator の育成」を掲げ、「自律型学習者」を育てる学校である。探究学習に力を入れており、生徒たちは、自分の興味関心・好きなことに社会課題を組み合わせ、自分の幸せ、誰かの幸せを創るプロジェクトを次々と生み出し、行動している。

探究学習のスタートは、安心安全の場づくりだと考えている。内容によっては、自分と深く向き合い、他人に自分の内面をさらけ出すことにもなる。そんな時、周りへの信頼がなければ怖くて前に進めない。日々の授業の中でも対話を大切にし、安心安全の場づくりに力を注いでいる。そして、生徒が自分で動き始めるまで、ひたすら信じて待つ。

共に学ぶ仲間として

新渡戸の古典の授業は、選択の関係で比較的少人数となる。そのため、生徒と対話しながら一緒に授業内容を決めていくことができる。

3学期に入り、そろそろ授業を生徒に任せてみたいと思った私は、「何やりたい？」と聞いてみた。すると、「劇やりたい」という声が上がった。え、ほんとに？と思いながら黙って見ていると、誰かが、「何のためにやる？」と言い、そこから、「誰に向けてやる？」「目的は？」という話し合いが始まった。そのうち一人が前に出て板書を始めた。全員が好きなタイミングで意見を出している。劇は年度末のスタディフェスタ（学習成果発表会）で発表し、目標として、「古典の世界と現代のつながりを伝える」「古典の魅力をおもしろく分かりやすく伝える」「自分たちが楽しむ」という言葉がホワイトボードに並んだ。

題材は、古典の有名な物語作品の中から全員が一作品ずつ紹介し、その中か

ら、目標、目的を確認しながら、多数決ではなく、話し合いで『落窪物語』に決まった。配役や役割分担もすべて立候補で決まり、「〇〇、歌えばいいじゃん」「私踊れる」「私ピアノ弾く」「シナリオ書く」というように、全員のやりたいと得意が掛け算され、演劇の予定がミュージカルになった。

　練習はこちらが思うようには進まなかった。私の意見であっても一つの意見として扱われ、採用されることもあれば却下されることもある。正直、間に合わないのではないかと心配でたまらなかった。でももう任せると決めたのだ。信じるしかない。そんな私の心配をよそに、本番直前の練習でもみんなずっと笑いころげていて、なかなか通し稽古ができない。

　迎えた本番、途中のシーンが飛んでしまったり、止まりそうになったりしたところをアドリブでつなぎ、なんとか最後までやりきった。生徒たちはみんな晴れやかな笑顔で、客席で動画を撮っていた私だけが涙ぐんだ。

　1年間の振り返りでは、こんなことを書いてくれた。

・先生がすべて決めるのではなく、自分たちで選択できることが多くて楽しかった。

・手を抜くこともできたはずのプレゼンや発表なども、いつもみんなの熱量がすごくて、自分も頑張ろうと思った。だからこそ、たくさんの学びに繋がった。

・人に伝えるためにはまず自分に落とし込まないといけない。表現するには知識と理解が必要。伝える、という目標があるから頑張れた。何よりワクワク感がある。

・先生はいつも楽しそうだし、なんでも認めてくれるからプレッシャーがない。だからチャレンジできるし、正解のない問いも楽しめる。

　高校生は、大人の想像をはるかに超える力を持っている。「教える」ことで、彼らの邪魔をしてはいけない。信じて任せていけばいい。私はこれからも、生徒と共に学びを楽しみ、共に成長していく仲間でありたい。

なかむら・さち　高知県出身。実家は本屋。都立高校3校を経て2021年より新渡戸文化高等学校に勤務。「古典×演劇×コミュニケーション」の実践。趣味は吹奏楽。ムジカグラート氷見所属。二児の母。

支える大人として私が大切にしていること

岡田憲治

芝中学校高等学校 教諭 数学科

1.　はじめに

　学校の教師になって、19年目。教科指導も生徒指導も昔のようにバタバタするのではなく、それなりに落ち着いてできるようになってきた。それでも最近、こんな考えがたまに浮かんでモヤモヤすることがある。

　「子ども達のためにと思ってやったことの中には、子ども達が自分でできる力を育む機会を奪うだけでなく、教師として自分のやりがいや満足感を高めるためにやってしまっていたこともあるのではないだろうか」

　教師になりたての頃はこのようなことは微塵も思わなかった。なぜこんなことを思うようになったのだろうか。おそらく、教師としてのあり方が自分の中で少しずつ変化してきたからなのだろう。これまでの教師人生を振り返り、考えてみたいと思う。

2.　最初は順調だったが……

　大学院を出てすぐに、私立高校に非常勤講師として勤務することになった。自作のプリント教材を作り、生徒にわかりやすい授業を目指した。学期ごとに授業アンケートをとり、どうすれば子ども達が満足する授業になるのか必死に考えて取り組んだ。生徒からは「先生の授業はわかりやすい」と言ってもらうことが多く、それを励みにして頑張れた。毎日の授業が楽しく充実していた。非常勤講師として4年間勤務した後、ご縁があって今の勤務校に専任教諭として勤務することになった。非常勤講師時代とは別の学校であったが、ようやく専任教諭になれたという思いと、これから色々な面で子ども達と関われるという期待に満ち溢れていた。

いざ専任教諭になってみると、仕事量は圧倒的に増えた。授業だけでなく、クラス運営、部活指導、行事の企画や準備、課題を抱えた生徒への指導……などなど多岐にわたる業務に翻弄された。先輩の先生達からは「気がきかない！」「もっと周りを見て動け！」とお叱りをいただくことも多く、教師としてどのように振る舞えばよいか次第にわからなくなり、専任教諭になったときのキラメキのようなものはだんだん無くなっていった。そんな折、専任になって4年目、教師としてのあり方を再考するきっかけとなった生徒とのやりとりがあった。

3.　提出物を全く出さないS君

当時、数学の授業を担当していた私は提出物を全く出さない高1のS君を呼び出し指導した。さんざん説教した後、S君が私にこう言った。「……もういいですか！　僕が数学ができないかどうかは先生に関係ないじゃないですか。もう構わないでください」と。当時の私は怒りの感情がわき上がったが、それ以上に大きなショックを受けた。関係を一方的に切られてしまったことへの驚きと、なんとも言えない無力感で一杯だった。その一件があってから教師としてどのように対応すればよかったのか、その答えがわからず悶々とする日々が続いた。そんな折、ご縁があって長年、東京の私学において教育相談の分野で活躍されている高野利雄先生からアメリカの心理学者のトマス・ゴードン博士が開発したゴードンメソッド（教師学）を学ぶ機会を得た。私がゴードンメソッドで学んだことを簡単にまとめると、以下である。

目の前の生徒の行動に対し、
・自分（教師）にとって受容できることなのか、そうでない（非受容）か
・誰が抱える問題か、問題を解決する主体は誰か
を明らかにしてから相手（生徒）と関わる。相手が問題を抱えていると判断したときは、生徒自ら解決できるよう援助を行う。

当時の私は、改めて考えるとよくわからない「教師とは○○であるべき」という「べき思考」に支配されていたのだろう。提出物を出せないのは最終的にはS君が解決する問題であるのに、それを教師の問題として考えてしまっていたのだ。ゴードンメソッドを学んでからは、自分の内面に向き合い、誰が問題

を抱えているのかを冷静に見てから対応しようと試みた。すると、少しずつではあるが私の中で変化が起きてきた。例えば、以前は授業中寝ている生徒がいたらイライラして「起きろ!!」と怒鳴っていたが、その生徒に何があったのだろうと考えるようになった。寝ている生徒に「どうした?」と聞くと、「他の教科の課題が終わらなくて寝不足で……」「最近疲れてしまって……」と色々な答えが返ってくる。そのうち、何人かは「でも、やらなきゃいけないので頑張ります」と、姿勢を正して授業に参加する。そのような日常のちょっとした場面の中でも「子どもは本来、自分で成長できる力を持っているんだ」と感じるようになり、その力を発揮できるよう教師として子ども達を支えていきたいと思うようになった。

4. アクティブラーニング、ワークショップデザインの考え方を学んで

　高3担任で無事に生徒を卒業させた次の年、学内で季節講習の運営や授業力向上のプランを考える校務分掌の主任となった。アクティブラーニングが話題になりつつあった頃で、教師主体から生徒主体の学びへの転換が求められ始めたときであった。私は外部で行われているセミナーに積極的に参加し全国で活躍されている先生方の実践報告を伺ったり、実際にお話させていただきながら、生徒主体の学びに徐々に興味を持ち始めた。自分の授業でペアワークを取り入れてみたり、授業内容とその日の自身の学び方を振り返るコメントを書かせて生徒同士で共有させたりと、試行錯誤しながら取り組んだ。

　しばらくして、「こちらがあれこれ考え過ぎて生徒の学びのレールを敷き過ぎてもよくない。生徒主体であるならば、教師はずっと先頭にいるのでなく、どこか端によけたり、場合によってはふっといなくなる瞬間を持たなくてはいけないのでは?」と考えるようになった。ワークショップにヒントがあるのではないかと考え、社会人向けに開講している青山学院大ワークショップデザイナープログラムに参加した。学びを授けるティーチャーだけでなく場を設計するファシリテーターとしての視点をもって授業やクラス運営を考える楽しさを感じるようになった。

5. 教師としてのあり方の変化

　非常勤講師だった教師なりたての頃は充実した生活であったが、今思うと自

分のことが第一で子どもは二の次だったように思える。「先生がわかりやすい授業をするから、君達は授業に参加して!」と、自分中心で教師をやっていた。そんな私が専任になった当初、あまり上手くいかなかったのは今思えば当然であったのかもしれない。S君との一件をきっかけにゴードンメソッドを学び、教師としてのあり方を考えるようになった。教師としての使命感だけで行動するのでなく、ひとりの人間として自分の感情に向き合い子ども達に関わること、子ども達自ら問題を解決できるよう支えていくのが教師としての役割であると考えるようになった。さらに、先生が主語でなく子どもが主語となるような場づくりを授業でもクラス運営でも考えるようになり、子ども達同士でも支えあえる集団づくりを目指すようになった。

6.　最後に

最初に戻る。

「子ども達のためにと思ってやったことの中には、子ども達が自分でできる力を育む機会を奪うだけでなく、教師として自分のやりがいや満足感を高めるためにやってしまっていたこともあるのではないだろうか」

今もふと浮かんでくるモヤモヤは、もしかすると、「自分が主役であると勘違いして、教師の使命感一本で行動していたあの頃の教師像に戻ってない?」という自分自身への問いかけだったのかもしれない。

勤務校には、生徒の歩みを穏やかに見守ってくれる学年主任のN先生、生徒達に「お前達は可能性の塊だ!!」と本気で伝えるT先生、職員室でまるで自分のことのように生徒の成長について嬉しそうに語るH先生、どのような生徒に対しても、いつも丁寧な対応で生徒に絶大な安心感を与えているI先生……と書ききれないほど素敵な先生方がたくさんいる。皆さんに共通するのは、いつも「子ども」を主語として教育活動を考えていて、子ども達の成長する力を信じ、支えていることである。これからもその一員として子ども達の成長の一端を担えればと思う。

おかだ・けんじ　1980年生まれ、東京都出身。2009年から芝中学校高等学校で数学科教諭として勤務。プライベートでは中学生男子と小学生男子の父親であり、仕事でも家でも男子と過ごす毎日を送っている。

問いに問いを重ねる対話、教師のつながり

土井将大

広島学院中学校・高等学校 教諭 数学科

新米教師が変わるきっかけ

　2016年に兵庫県立高校の教諭に採用された。当時は、数学の授業、高校野球の部活動、初任者研修をこなすだけで手一杯だった。教師として働き始めたばかりで、仕事関係の人とのつながりも少なかった。そのため、学校の外で学ぶ余力や機会がほとんどなく、淡々と毎日を過ごしていた。そのような新米教師だった私に、2019年に変化のきっかけが訪れた。初任校の先輩教師がある教育プログラムに関わっていることを知り、その発表イベントを見に行くことになったのだ。せっかく誘われたこともあり、よく分からないまま、大阪の会場まで足を運ぶことにした。そのイベントでは、先輩教師を含めた様々な方々が教育改革に奔走している姿に触れることができた。発表者と直接対話する時間があり、彼らの思考の深さや情熱に圧倒された。自分自身の視野の狭さや未熟さを思い知らされ、もっと学ばなければならないと強く感じた。

　それからは週末を利用して、参加者同士が対話できる学びの場に積極的に参加するようになった。その中でも特に印象に残っているものは、経済産業省「未来の教室」実証事業の「ファシリテーションスキル研修2019」（活育財団）である。東京で計5回開催され、ファシリテーションにおける重要な理論やPBL型のワークショップデザインの手法を学んでいく中で、それらに必要なマインドセットを培っていく研修であった。『学びとビーイング』編集委員の法貴孝哲先生をはじめとして、多くの情熱的な教師と知り合うこともできた。数多くの学びを得たのだが、「問いに問いを重ねる対話」の重要性を特に学んだと思っている。「問いに問いを重ねる対話」とは具体的にどういうものなのか、2022年から勤務している広島学院での部活動と授業の実践事例を交えて紹介したい。

部活動顧問はファシリテーター

　私は現在、中学野球部の顧問を務めている。以前は「強いチームを作るために顧問がチームをリードする」という意識で部活動に関わっていた。一方で現在は「生徒に問い、対話しながら、一緒にチームを作りたい。部活動顧問はチームのファシリテーターである」という意識に変化した。

　ある日、守備のフォーメーションの練習をすることになった。フォーメーションには様々な形があり、チームの状態を見ながら柔軟に決める必要がある。私は必要最低限の決まりだけを生徒達に教え、練習を開始した。数分すると、今の守備の動きでは絶対にアウトを取れない場面が出てくるなど、いくつかの課題が見えてきた。全員を集めて問題点を整理すると、ある生徒が「先生、どうしたら良いですか?」と質問してきた。しかし、ここで答えるのはまだ早い。私は「どうしたら良いと思う?　みんなはどうしたい?」と逆に問いかけた。答えをもらえるつもりで質問した生徒は「えっ?」と驚いた表情をする。生徒達が不安ながらも考えて意見を言うと「じゃあ、それを試してみよう」と私が伝えて、練習を再開した。仮に生徒達の提案が、顧問の目から見てあまり良いものではなかったとしても、そこで口を挟まずに、まずは試すことが大切だ。失敗から学ぶこともたくさんあるからだ。この一連の流れを繰り返していくと、次第に生徒達は自分の頭で考えるようになる。何度も失敗を繰り返し、最終的には、生徒同士が合意してフォーメーションを決めることができた。

　以前の私なら「このフォーメーションが一番良いから、これを練習しよう」と初めから自分の答えを伝えて、生徒達はそれに従って練習していた。顧問から一方的に言われて取り組むフォーメーションと自分達が試行錯誤しながらたどり着いたフォーメーション、どちらの方がより考えながら野球をしているかは明らかだろう。生徒に問い、ファシリテートすることが部活動顧問の役割だと思う。そうすることで、生徒は自ら考えて自らの意思で行動できるようになる。

生徒が問いを立てる探究的な数学の学び

　基本的な知識・技能を身に着けるときなど、教師主導の学習が必要な場面はあるが、それだけでは生徒が受け身の姿勢になりがちだ。生徒に問い、対話しながら、一緒に授業を作る、そのような時間を生徒と共有したい。

本校には、高校2年生対象の探究ゼミの授業があり、私は学生時代の専門である数理統計学ゼミを開講した。ゼミを進める上で大切にしたことは、問いを立てることだ。生徒がワクワクするような問いが立てられたら、自然と自走していくからだ。まずは身近な課題を好きなだけ書き出してもらい、探究テーマを決めていこうとした。しかし「先生、何を調べたら良いと思いますか？」という質問が早速出てきた。こういうときは、些細なことでも良いから、生徒の体験に基づいた独自のエピソードを対話しながら聞き出すことが有効だ。本人が気付いていないだけで、身の回りに面白いネタがたくさん眠っているからだ。その後「どうしたい？」と再び尋ねると、少しずつ問いの種が生まれていることが分かる。教師にも分からないような問いが生まれたら、喜ばしいことだ。分からないことを心配する必要はなく、生徒と一緒に悩みながら、伴走していけば良い。

　探究テーマが決まった後は、データ収集とデータ分析の時間だ。データ収集では後からデータの欠損が見つかって取り直す必要が出てきたり、データ分析では十分だと見込んだデータ量が実際は少な過ぎたりと、また新たな課題にぶつかった。課題が見つかるたびに「なんでだろう？」「次はどうしたい？」と生徒に問い、対話しながら軌道修正していった。教科書で学ぶデータ分析では、分析しやすいように予め整理されたデータを扱うことが多く、容易に分析結果を得ることができる。しかし現実の世界では、望むような分析結果を得るにはいくつものハードルを越えなければならないことを、生徒は身をもって体験することができた。問いに向き合い続けたからこそその貴重な学びである。余談ではあるが、ゼミの事前アンケートと事後アンケートを比較すると「数学を勉強すると日常生活に役に立つ」と回答した生徒が増えたことが分かった。自分の身近な課題を数学で解決する経験を通して、数学の良さに気づけたからだと思う。生徒の数学を学ぶ意欲を高めることは、数学教師として大切にしていきたいことだ。

　個人的な意見ではあるが、世の中の多くの生徒は与えられることに慣れてしまっているように思う。それは、教師を含めた我々大人が生徒に問うことをせず、大人にとっての答えばかりを教え過ぎたことが原因なのかもしれない。問いに対して答えを返すのではなく、問いに問いを重ねてさらに深い問いが出る、そのような対話を生徒としていきたい。

生徒の価値観を揺さぶる社会人とのつながり

　冒頭で述べたように、様々な方々と出会い対話することが、自分自身を変えるきっかけとなった。私は生徒にも同様の体験をして欲しいと思っており、学校の外の様々な社会人と生徒をつなげる取り組みをしている。

　夏休みのある日、Qulii株式会社取締役の板倉賢太郎さんが来校することになった。板倉さんとはある教育イベントで知り合い、そこで意気投合したことがきっかけで、高校生対象の交流会を開催することになった。参加生徒のAくんは、起業する人が身の周りにいなかったこともあり、興味を持って参加してくれた。交流会では、板倉さんが起業に至った経緯、起業の失敗談、将来の展望などをありのまま話してくださり、生徒達からも積極的に質問が飛び交い有意義な会となった。交流会後のアンケートでAくんは「私の身の周りには起業した人がいないので、とても珍しい話を聞くことができた。板倉さんは何度も起業に挑戦していて、すごい情熱のある方だと思った。今回のような機会があればまた参加して、様々な人と話をしてみたい」と振り返っている。

　板倉さんとの出会いがAくんの将来にどのような影響を与えるのかは、現時点では全く分からない。しかし、そのような出会いを何度も続けていくと、そのいくつかの出会いがつながる瞬間が訪れるかもしれない。そのときにAくんの価値観は大きく揺さぶられ、世界観や生き方が大きく変化するだろう。そのような期待を抱き、生徒が様々な社会人とつながることを、これからも支援していきたいと考えている。

教師のつながりに感謝

　私の財産は、日本全国の多くの教師とつながれたことである。様々な学びの場に参加することで、多くの仲間ができ、今でも多くの刺激をもらっている。私が日々目標を持って意欲的に教師を続けられている理由の一つとして、それらのつながりの力が挙げられる。私とつながりのあるすべての方々に、この場を借りて感謝の気持ちを伝えたい。

どい・まさひろ　山口県岩国市出身。神戸大学発達科学部卒業、同大学院修了。Johannes Kepler University Linz（Austria）への1年間の海外留学も経験。兵庫県立高校教諭を経て、2022年から現職。Microsoft認定教育イノベーター、ロイロ認定ティーチャー。

これまでの「歩み」から「在り方」を捉える

号刀悠貴

札幌新陽高等学校 教諭 外国語科

教師としての始まり

　　学び続ける教師の在り方について執筆する機会を頂き、その問いに向き合った。仮に自分が学び続ける教師だったとしたら、どのように学び続け今があるのか、振り返ってみたい。そして、学び続ける教師の在り方について探究したい。

　　大学卒業後、念願の教師になり、北海道小樽市にある私立北照高校に赴任した。夢に描いていた教師生活が始まるのだが、現実は甘くない。教師として多くの壁にぶつかった。学級崩壊、分掌業務に四苦八苦、生徒の進路意識の醸成に苦戦。多くの先生たちが悩み、苦しんできた道を私も歩いてきた。

　　7年勤め、徐々に周りが見えるようになると同時に、私学である北照高校が存続できるのか疑問を抱くようになった。不安の募るなか、先生同士の話し合いから2016年にワインプロジェクトが生まれた。このプロジェクトが、私にとって大きな挑戦となる。

ゼロからスタートした北照ワイン(旅路)プロジェクト

　　うっかりプロジェクトの担当者になってしまった、ワインもよく知らない、農業未経験の男が、学校裏で畑を作り、ブドウを育て、ワインに加工し、販売するまでの6次産業を通して、働くことを学ぶ授業を作ることになった。

　　2017年、このプロジェクトはゼロからスタートする。校舎裏の遊休地を畑にすることから始まり、初回授業の準備には多くの問題があり不安も大きかったが、嬉しい誤算で、生徒たちは作業に夢中だった。教室での授業よりは、はるかに面白いらしい。用意したブドウの苗木を植え、ワインプロジェクトが始まった。

　　さらなる畑の開墾や、草刈り、苗木の世話などを、私は授業の合間や放課後に行っていた。2年目からは地元生まれの品種・旅路を復活させた。とても苦

しかったが、このプロジェクトを一緒に担当していた退職間近の先生が、挫けそうな私に、「楽しいな」「面白いな」と前向きな声掛けを何度もしてくれた。不思議なことに、辛くてもその声掛けを聞くと、楽しくなったのである。しかし、2年後の2019年3月にその先生が定年退職し、一人になった私は「楽しさ」を見出せなくなる。

チームとして取り組むプロジェクトへの転換

　余裕のない日々のなかでも、どうしたらワインプロジェクトを魅力的なものにできるか、学校の外に何か情報はないかと、動いていた。2019年2月、当時、札幌の市立大通高校でミツバチプロジェクトを手がけていた西野功泰先生（現札幌市教育委員会・ミツバチプロジェクトについて本シリーズ第2巻に執筆されている）の実践報告を伺う機会があった。それは本当に素晴らしく、同時に、あまりに素敵な話で嫉妬もした。「どうして大通高校では学校としてプロジェクトが成立しているのか」「どうして先生たちがチームとして、プロジェクトに取り組んでいるのか」。自分のプロジェクトでできていないことが、ミツバチプロジェクトでは実現していた。目指していたものはこれだった。

　しかし、刺激は受けたものの、なにも具体的な変化を起こせないまま、むしろ、自分が抱えている苦しさを、周りに向けてしまっていた。「学校で決まったことなのに、なぜ誰も手伝ってくれない？」。これが態度に、言葉に表出していく。私が職場でまとう空気感は最悪だったと思う。周りの先生たちは手伝わなかったのではない。私が遠ざけてしまっていたのだ。もちろん、当時はそこに気づくこともできず、孤立した。

　夏休み後の9月末、西野先生から、広く教育に携わる人たちが実践を語る、札幌ラウンドテーブルに招かれた。新しい知見や考え方に触れ、さらに奈良や福井での会にも参加していくうちに、自分の教育観が広がり思考の解像度が上がっていく感覚があった。

　そこで出会った多くの先生たちの話で共通していたことは、中堅の教師が学校を支えていく、変化させていく重要なポジションであるということだった。

　当時の私は、プロジェクトを良くしたいという気持ちはあったが、学校を支えるという気持ちはなかった。学校を支えていく中堅として、私の働き方、同僚性は間違っていないだろうか？　自己満足に溺れ、同僚と協働しようと自ら働きかけることができていないのではないか？　自身を省みて、大きな転換点

となった。

　この頃はワインプロジェクトを、ミツバチプロジェクトのように学校全体の取り組みにするには、どうすれば良いかを常に考えていた。「ワインプロジェクト＝号刀のプロジェクト」となってしまっていたのを変えたかった。そこでまず行ったことは、情報の可視化だった。活動報告や計画を定期的に情報共有した。すぐに反応がなかったとしても、プロジェクトの様子を誰でも知りたい時に知ることができることは重要である。また、生徒の畑作業時の様子を見てもらうために先生たちに積極的に声掛けをした。生徒がどのように授業に参加し、何を感じているかを実際に見てもらうことが、プロジェクトに他の先生を巻き込んでいく上で最も効果があると考えたからだ。

　こうしたことを続けた結果、年度末に行われた教職員アンケートの「本校の特色は何だと思いますか？」という問いに、多くの先生たちがワインプロジェクトと回答してくれた。「号刀のプロジェクト」から、「学校のプロジェクト」になったのだと実感する出来事だった。

一つのプロジェクトが学校を変えた

　ワインプロジェクトは学校の特色となった。しかし、要所では協力者もいたが、年間を通じて取り組もうとする先生はまだいなかった。そこで、2020年4月、赴任前からプロジェクトに興味を持っていたという2年目の若い先生に声を掛け、一緒に作業に取り組むようになった。

　畑作業を通じて対話をし、苦難を共に乗り越えていった。彼も当初はしんどかったと思う。しかし、かつての私と同じく、そこに楽しさや意義を自ら見出してくれた。翌年には正式にワインプロジェクトの担当となり、仕事も私が先導していく形から、伴走する形へと、少しずつ変化させていった。

　ワインプロジェクトの存続に光が見えた時、学校全体の取り組みを整理していく必要に気づいた。既存の取り組みの改善を考え、個々で行っていた活動、あるいは単発的に行ってきた活動に上位の意味を設定していった。そして、2021年、「ふるさとを支える人材を小樽で支える探究活動」として、ワインに加えてキズナプロジェクト、アスリートプロジェクトを設置し、総称して「北照プロジェクト」の活動を整備した。これは今では学校の柱となり、2022年には三菱みらい育成財団の助成対象として採択された。校内人事も見直され、全ての教師がプロジェクトに所属し、学校全体で取り組む体制ができ

た。2016年以来、私を含めバラバラだった先生たちの仕事や目指している方向性が、整っていった。

新たな学校で挑戦を続ける

　北照プロジェクト立ち上げにより、活動と職員体制が整備され、旗揚げとなったワインプロジェクトも持続していく形となった。そしてこの機会にいつか働いてみたかった学校への異動を決めた。かつて、学校経営の危機から、V字回復した奇跡の学校である。常に教育の新しい在り方を問い、社会に示している教育界のファーストペンギンである。2023年、もっと新しいことに挑戦できる、そんな夢を描いて札幌新陽高校に異動した。

　札幌新陽高校は、「人物多様性」をヴィジョンに掲げ、生徒の個性、学びを認め、新しい教育を示していく学校だ。ICTへの取り組み、独自のカリキュラム、学級制度の撤廃など、未来の学校で働いている感覚だ。しかし、課題も多くある。これからは、その課題に取り組み、新しい教育を実現していきたい。

私にとって学び続ける教師とは

　これまでの私自身を「学び続ける教師の在り方」として振り返ると、私は学び続けたかったわけでもなく、学び続けようと元々思っていたわけでもなかった。学校経営の危機、プロジェクト立ち上げの苦境など、必要に迫られるなかで、知見や学びを自然と求めていた。

　苦しい時、必要に迫られた時に学びを求め続けることができたのは、共に働いていた同僚や先輩、周りにいてくれた素敵な方々のおかげであると思う。「自分がこうありたい」と思える人たちがたくさんいてくれた。その人たちは、皆学び続けていた。私はそれを真似しただけにすぎない。だから、私にとって学び続ける教師とは、一つは「こうありたい」と思える人がいることである。そして、もう一つは、学校の課題を別の部署や管理職の仕事だと思って切り離さず、自分事として捉えることである。課題があれば、生徒と同じく私たちは学び続ける。課題を他人事としなければ、自ずと学び続ける教師になると考える。

ごうなた・ゆうき　1988年生、千葉県出身、北海道東海大学卒業。北海道小樽市にある私立北照高校で13年勤め、2023年札幌新陽高校に異動する。生徒会担当。

進学校のキャリア教育
——アントレプレナーシップ教育への挑戦

相馬 誠

青森県立八戸高等学校 教諭 数学科

キャリア教育との出会い

　私自身のこれまでの教員生活は、どちらかと言えば「受験指導」が中心であった。特に、学習塾が充実していない地域の高校に勤務をしていた時は、学校がその役割を担うために、朝や放課後に講習を行うという状況であった。

　青森県立三本木高等学校で勤務をしている時に、初めて「キャリア教育」という言葉を耳にした。この学校は青森県初の併設型中高一貫校であり、1期生が高校へ入学した平成22年（2010年）4月にスーパーサイエンスハイスクール（SSH）の研究指定校となった。私はこの1期生を担任し、SSH事業における多様な活動へ生徒を引率する機会を与えられ、国内外の研究者と話をする機会に恵まれたが、生徒を取り巻く生活環境の違いを目の当たりにし、さらに何をするにも移動費を伴わなければならないことに「限界」を感じていた。当時の赤坂寿校長は、SSH事業に加えて「キャリア教育」をこの学校に導入することを検討されていた。1期生を卒業させた後の平成25年度から進路指導主事をすることとなったが、赤坂校長は「進学校のキャリア教育」、そして「進学校のインターンシップ」の在り方を考え、その上でクリエイティブな仕事をして欲しいと話されていた。今思えば、この時が私と「キャリア教育」との出会いとなった。

進学校におけるインターンシップ

　平成25年度は、進学校のインターンシップの在り方について考える年となった。自分自身の「キャリア教育」への理解を深めるために、多くの研究会に参加した。このころの研究会での話題は、自己実現と社会に貢献できる人材育成、外部資源や人材の活用に関する内容が中心であった。勤務校への導入を検討する際、勤務校の教職員ですべてを賄うことは難しく、私は外部人材を活用

するための方法を考えていた。なかなか突破口を見つけられずにいた中、救いの手を差し伸べてくれたのが、かつて担任をした生徒の保護者であった。その時の保護者から「つながり」が生まれ、多くの事業者の方々と話をすることができたことは、一歩も二歩も事業を前進させる原動力となった。

　事業者とのインターンシップに関する話し合いの中で、中学校で行われている就労体験が中心のインターンシップとの差別化が必要との助言をいただいた。さらに、インターンシップを生徒の「進路目標実現」とつなげるために、何度も話し合いを重ねた。多くの時間を要したが、高校生に向けてそれぞれの現場が抱える問題について話してもらい、それを受けて学校で議論し、高校生の視点で問題に対する解決策をポスターにまとめ、発表するという「進学校のインターンシップ」の形が生まれた。

　平成25年度は十和田市内の小学校2校で、インターンシップを試行的に行った。翌年からは本格スタートし、医療現場や学校現場、農業や行政の現場などでインターンシップを行うことができた。保育園で小さな子供を相手に走り回る姿、畑で野菜を収穫する姿、病室でお年寄りと話をしている姿など、充実していた生徒たちの顔は、10年もの時間がたった今でも鮮明に覚えている。農業体験実習の後に事業者側から話を伺う中で、地元の家庭では1本単位で購入する長芋ではあるが、都市部で販売する際には決まった長さに切って販売していること、そしてその長さは冷蔵庫の野菜室のサイズを調査し算出した長さであることを聞き、その場にいた生徒と一緒に私も驚いたことを覚えている。この取り組みは校内だけの発表で終わらず、地元の商工会議所で多くの事業者の前で発表する形へと発展した。

八戸を元気にするプロジェクト

　現任校へ異動し、平成28年度から担任として生徒と関わることになった。現任校は、地域の中学校から上位層の生徒が集まることから、難関大学への合格者を輩出するという地域の負託に応える学校である。

　当時、生徒の進学希望先で一番多い東北大学がAO（総合型選抜）入試の枠を拡充するという時期であったことから、生徒の受験機会を増やすためにこの入試をどのように利用していくか、生徒のためにできることがないかと模索していた。生徒の活動実績書類を作成する際、理系生徒はサイエンスキャンプや大学の実験系の公開講座参加など、受験のための活動実績として書くことができ

るが、文系生徒は参加する事業がないため活動実績として書く内容がなく、そのような生徒のために何かできることはないかと職員室で話題にしていた時期でもあった。時を同じくして、若者を中心とした人口流出、地方の人口減少への対策といった社会問題も話題となっていたこともあり、平成29年度に「地域活性化」をキーワードに生徒たちに自由に考えさせる「八戸を元気にするプロジェクト」を学年団の教員と共に始めた。

　参加した生徒はフィールドワークやディスカッションなど熱心に活動したが、その生徒たちの保護者も非常に協力的で、活動内容を外に向けて情報発信する方法を教員と一緒になって考えてくれた。地元の地域経済に無学だった私に、八戸市の第三セクターである八戸インテリジェントプラザを紹介してくれたのもそうした保護者であった。八戸インテリジェントプラザと連携したことで生徒たちの活動の幅は広がり、地域を代表する事業者の前で発表する機会を設けることができた。このプロジェクトに参加した生徒は大学進学のために地元を離れたが、その中の数名は卒業後に地元へ戻り、社会人として活躍している。

アントレプレナーシップ教育への挑戦──KIRARIプロジェクト

　「八戸を元気にするプロジェクト」での経験を元に、学年主任として関わることになった平成31年／令和元年度（2019年）の1学年では、「地域活性化」をテーマに掲げ、地域を自分たちの目で見て、考え、調べ、協議し、地域のために自分たちができる事業を発表する活動を行った。現任校では、2学年の総合的な探究の時間でSDGsの17のテーマに基づいたグループ研究を行うことから、この活動はその研究へつなげる取り組みにした。しかし、新型コロナウイルスの感染拡大により、計画は変更せざるを得ない状況となった。感染対策を講じた上で生徒たちと「できることを精一杯やろう」を合言葉に教育活動を行っていた時期であったが、この探究活動もできる範囲での取り組みとなった。

　令和4年度から再び学年主任として生徒と関わることになり、前の学年で十分に実施できなかった「探究活動」に再び取り組みたいと考えた。「探究」について仙台市の探究教材開発を行っている株式会社オーナーの佐々木敦斗社長と意見交換をする中で、「アントレプレナーシップ教育」の話題となった。「アントレプレナーシップ」という言葉は、その3年前の平成31年3月に京都で行われた『キャリアガイダンス』創刊50周年特別セミナーで、アントレプレナーシップ開発センターの原田紀久子理事長と名刺交換をした際に初めて耳に

した。その後、自分なりの理解を深めていたが、私にはアントレプレナーシップ教育は、ハードルが高いものであった。しかし佐々木氏と意見交換をする中で、試行錯誤しながら取り組むこと、身近なことについて考えることが「アントレプレナーシップ」だと腑に落ち、学年で取り組むことを決めた。

　生徒の言語活動とコロナ禍でできなかった他者との関わりを充実させることを事業の目的に加え、「KIRARIプロジェクト」と銘打って生徒を募集したところ、約3分の1にあたる80名の生徒が手を挙げた。また、この事業に賛同する地元の起業家、学生起業家にも協力いただき、10月にスタートした。放課後のゼミ活動、12月の中間発表、3月の最終発表、そして令和5年度はロゴマークとイメージカラーを考え、文化祭で事業内容に関するポスター発表を行った。その他にも地元の商工会議所と街づくりについて活動する班やEO（起業家機構）の東北地区の勉強会に参加する班、東北大学主催の地域課題解決アントレプレナーシッププログラムへ応募し採択される班など、生徒たちが積極的に外へ目を向け、主体的に活動している姿を多く見ることができた。そのような生徒の姿に、「頼もしさ」や「逞しさ」を覚えた。これらの事業は現在進行中であるが、生徒たちがどのように成長していくのか非常に楽しみである。

学び続ける教師の在り方（Being）

　私自身が行ってきた受験指導を振り返ると、初期段階では総合型選抜のためのエビデンスづくりを最優先に考えていたが、現在は探究活動を通して学びの幅を広げ、他者と関わりを持ちながら生徒を大人にしていき、その生徒の心身の成長の先に大学受験を見据えている。

　進学校のキャリア教育という視点で、今まで取り組んだ事業や考えを書いてきたが、事業を行うたびにいくつもの壁を乗り越えてきた。私が無知であるがゆえに壁は現れ、これを超えるために自身が学び、理解を深めた。教師が学ぶことによって、見えてくる新しい世界がある。この世界観を持って生徒と関わることができれば、生徒の学びの幅が一層広がると私は考える。

　アントレプレナーシップ教育を進めるためには、教師が自分の知識や経験に縛られたままでいるのではなく、新しく知識を学ぶことやスキルを持っている人と協働することが求められる。これからの教師は、失敗を恐れるのではなく失敗した経験を糧に軌道修正し、他者との関わりを持ちながら、生徒のために学び続けて欲しい。

そうま・まこと　大阪市立大学大学院理学研究科数学専攻後期博士課程単位取得退学・理学博士　奈良工業高等専門学校、清教学園中・高等学校、青森県立五戸高等学校、三本木高等学校を経て現職。平成27年度文部科学大臣優秀教職員表彰。

ICT、主体的学び、グローバルで変わった
私のあり方——変わるのは「生徒」か「教員」か

吉川牧人

静岡サレジオ高等学校 教諭 地理歴史科（世界史）

インドネシアで出会った衝撃

　この写真は2018年インドネシアの地方都市の国立高校の朝の礼拝を撮影したものです。私はこの朝の礼拝の様子を目の当たりにした瞬間、国立高校での礼拝という大きな異文化の衝撃を受けました。

　世界史ではイスラームの歴史や事柄についてさまざまな視点で授業を行うのですが、日本人の我々にはあまりにも縁遠い話と感じられてしまい、生徒にも私にもイマイチピンときません。現在ムスリム（イスラーム信者）は20億人に迫る勢いとなっており、アフリカなどで急速に信者を増やしています。キリスト教を抜いて世界一位の信者数になるのも時間の問題です。生徒たちにとって、これから重要な存在となるイスラームについて、「もっと活き活きと授業をすることができないか」、私の体験した**感動、ライブ感を世界史の授業に持ち込みたい**とそのとき考えました。

本物に触れる授業をつくる

　2019年、インドネシアのムスリムに協力してもらい、オンラインビデオ通話でインドネシアと教室をつなぎ交流授業を行いました。本物のムスリムから話を聞くということで生徒たちはとても緊張していました。事前に生徒にとったイスラームのイメージについてのアンケートでは「怖い」「厳しい」「暴力的」「テロ」といったネガティブなイメージが非常に強かったからです。ところが

　ムスリムの彼らが、ショッピングモールの映像を見せながら受付や化粧品売り場の女性はヒジャブという被り物をしていないことを説明したり、自分の家庭の中で、幼い女の子がクルアーン（コーラン）を一生懸命、そして楽しそうに暗誦している姿を紹介すると、生徒たちは初めて見るムスリムの様子に大変驚きました。その後の質問タイムでは、生徒たちから次々に質問がぶつけられました。授業で学んだ漠然とした知識と実際の姿がつながり、社会の中でイスラームがどのように信仰されているのか、実感できた瞬間だったと思います。生徒への事後アンケートでは全員が「楽しかった」「意義があった」と回答。「怖い」「厳しい生活をしている」というイメージが、ムスリムも自分たちと変わりのない普通の人であるという理解へ変化し、「遠い存在から身近な存在になった」と答えています。授業という限られた時間にもかかわらず、直接作りものではない映像を見、言葉を交わすことによって生徒が変容したのです。

　イスラームに対するイメージの変化は今も私の中で起こり続けています。2023年、インドネシアのイスラーム高校に行きました。厳格な学校と予想して緊張していましたが、明るいピンクの内装と、とても陽気な雰囲気の学校で元気あふれる生徒たちや教員に歓迎され、私の予想は大きく裏切られました。私の常識がまた一つ打ち壊された瞬間でした。

ICTが変えた教員としてのスタイル

　私は教壇に立ってから20年以上経ちますが、その半分以上の期間は部活中心の教員生活でした。女子バレーの指導に熱中し、指導経験はなかったものの県で優勝目指して全国の強豪校を回る日々を送っていました。毎日練習し、週末は遠征や合宿の受け入れを行う日々。家族と過ごす自由な時間は全くありま

せんでしたが、選手が集まりだしチームはみるみる強くなっていきました。授業の形は典型的なチョーク&トークで、教員から生徒に知識を一方的に伝える形をずっと行っていました。教壇の上で話し続け、眠たくなった生徒を叱り、毎時間小テストを印刷して問題を解かせ、その採点に追われていました。今思えば自分が学生時代に受けた授業を再生産していたのだと思います。授業よりも部活の指導を優先し、放課後からが本番!という生活を続けながら、その状況に全く疑問を持っていませんでした。

　そんな私に、2014年、2つの転機が訪れます。一つはICTとの出会い、そしてもう一つは職員研修の担当になったことです。一斉授業に限界を感じていた私はICTを使った授業づくりにチャレンジすることを始めました。実際にiPadなどのICT機器に触れたとき、「本来自分がやりたかった授業を実現できる」「生徒が目を輝かせて授業に参加してくれる」ことに驚きました。最初の挑戦は「世界史の授業で画像や映像を見せる」という簡単なものでしたが、私にとっては目の前が開けるような感覚がしたことを覚えています。こうして少しずつですがICTを使う教員生活が始まりました。

　また学校の中で職員研修の担当となったことも大きな転機となりました。主体的な学びに関する研修を学校内で企画し、さまざまな実践に触れることにより、私の中のチョーク&トークの授業が少しずつ主体的、協働的なスタイルに変化していきました。さらに東京や大阪の授業改善やICTの先進校への視察に行くことも多くなり、私立、公立を問わずとてもチャレンジングな学校がたくさんあることを知ることができました。この視察の中で、先進校で活躍されている多くの先生方は、自分たちのコミュニティを持っていることに気がつきました。ICTで言えば、Apple（ADE）、Google（GEG）、Microsoft（MIEE）のコミュニティ、授業改善で言えばロイロノート（ロイロ認定ティーチャー）のコミュニティなどがあります。そこで私も一つずつ認定にチャレンジし、そのコミュニティの先生方と交流する機会を増やしました。そのつながりの中でCanvaが日本で教育者グループをつくりたいという話を聞き、Canva教育者グループを立ち上げ、Canvassador（Canva認定教育アンバサダー）に認定されたり、クラシエフーズの知育菓子を使った「知育菓子先生」プロジェクトの立ち上げメンバーにお声がけいただき、イベントを行ったりすることもできるようになりました。このように素晴らしい先生方からのたくさんの刺激を肌で感じる機会が増えることにより、自分の教育者としての世界観が広がりました。また、それぞれのコミュニティで実践事例を発表する機会が増え、自分の行っ

ている授業デザインや教育観、実践などをアウトプットする大切さも知ることができました。2018年からそれらをブログ（note）で発信するようになり、現在では約1万人の方々がフォロワーとして私の実践を読んでくれています。（https://note.com/hokori_to_kansya）

　授業デザインもさらに変化しています。本物に触れたいと、世界史の舞台を旅するようになり、その中で授業の教材つくりを行ったり、海外の学校を視察したりと、私の中の視点が徐々にグローバルなものになっていきました。その中から、最初に紹介したインドネシアのムスリムと交流する授業も生まれました。**ICTと主体的な学び、そしてグローバルが融合した私の授業スタイル**が出来上がっていったのです。

変わるのは生徒か教員か

　社会は活きた学びに満ちています。インターネットが生まれ、学校で教える「知識」と、世の中の情報が増えていくスピードとの間で徐々にバランスがとれなくなってきました。学校の中に生徒を抱え込み、既存の知識を一方的に教育することに無理が生じています。今こそ学校が勇気をもって、生徒を一旦手放すときです。ときには教科書から離れて本物に触れさせましょう！　未来へと続くプロセスの中で、生徒は学び、経験し、成長していきます。生徒や我々大人を未来の変革者へとつなぐプロセスの可能性を広げる翼が、探究的な力やテクノロジーの役割です。そして私は、生徒と社会を結びつけるハブとなり、生徒が未来に羽ばたく手助けをしていきたいと思います。

　その上で我々教員の一番大切なポイントは何なのでしょうか？　それはまず**教員自身が変わるべき**だということ。新しい授業スタイルに挑戦することはとても勇気がいることです。経験豊富で今までに実績を残してきた教員であればあるほど、その形を崩して新しいことに挑戦することに抵抗が大きいでしょう。しかし世界が大きく変わり、常識を疑うことが求められる時代だからこそ、教員自身が変化するための挑戦を行うときなのだと思います。

　2023年の4月、22年間働いた公立高校を退職し、私立高校に転職しました。私にとっては大きな決断でした。しかし教員である私自身も、生徒に負けないように、殻を打ち壊す必要があると感じました。この新しい環境でワクワクする新しい学びに果敢にチャレンジしていきたいと思います。

きっかわ・まきと　1974年静岡生まれ。日本唯一のApple, Google, Microsoft, Canvaの認定教育者。『中学・高校社会科授業ICT活用ガイド』明治図書（共著）。ICT夢コンテスト文部科学大臣賞、文部科学大臣優秀教職員表彰等受賞。

何のために学び、どう実践に活かすのか

上山晋平

福山市立福山中・高等学校 研究企画主任（探究・ESD等担当）・英語科

1. 学び続ける教師:過去と現在

　私が教師としての道を歩み始めた頃（20数年前）は、学校内外で教師が研鑽に励むのは自然な姿だった。教育書やセミナーが人気で、「学び続ける教師こそが教壇に立てる」という意識が根付いていた気がする。同僚と飲みながら教育の夢を語ることも多かった。教育公務員特例法（第21条）の「教育公務員は、その職責を果たすために、絶えず研究と修養に努めなければならない」の精神が浸透していた時代と言えるのかもしれない。私が学校内外の学びに積極的だったのは、そうした時代背景が大きく影響していたからであろう。

　しかし、時が経つにつれ、「ワークライフバランス」「タイパ」「プライベートの時間優先」といった概念が広まり、教育界の研修への関心も薄れてきたように思える。これは教師の価値観や生活の優先順位の変化が反映されているのだろう。研修への時間とエネルギーを他の活動に向ける傾向が見られる。

　この状況を農業に例えるなら、読書や研修会への参加は、種をまき、肥料を与える行為に似ている。直接的な成果はすぐには見えないが、長期的には豊かな収穫をもたらす。同じように、教師が学ぶことは、即座に成果は現れないかもしれないが、教育の質を高め、最終的にはより良い教育経験へとつながる。

　こうした状況を踏まえると、学び続ける教師の在り方を再考する時期に来ているのではないか。私たちは、教師としての成長と教育の質の向上をどう実現し、学び続ける姿勢をどう維持できるのか。この問いに答えることが、教育界全体の進歩に貢献する鍵となる。

2. なぜ学び続ける必要があるのか

　まず、「学び続ける教師」とは、どんな存在だろうか。「教師の役割」と問われたら、「教えること」が思い浮かぶかもしれないが、それにとどまらない。

教師には新しい知識や教育法を「学び続ける役割」もある。本稿では、これら2つの側面を持ち合わせ実践する姿勢を「学び続ける教師」と定義したい。

では、我々教師は、なぜ学び続ける必要があるのだろうか。回答は多岐にわたるだろうが、私は特に次の3点に注目したい。

●教育の質の向上

新しい教育法、教材、教育技術の習得は教育の質を高める。教師自身の成長、プロとしてのスキルアップは、指導法の改善やアイデアの実現につながる。

●生徒理解と信頼関係

日常の会話で生徒のニーズや考えを理解し、教育に反映させる。コミュニケーション、積極的な生徒指導、ウェルビーイング（身体的、精神的、社会的に良好な状態）などは、AIを越える人間としての教師の強みである。教師が学び続ける姿は、生徒の学びの手本となり、互いの信頼関係を築く基盤となる。

●社会の進展への適応

社会や技術の進歩は著しく、教育内容も常に更新が求められている。デジタルツールの活用は今や教育に不可欠である。こうした変化に適応するために、教師は最新の知識や技術を取り入れ続けることが求められる。

3. どのように学び続けるのか

次に、「教師がどのようにして学び続けるのか」について考えよう。私自身、初任の頃からこの課題に興味を持って取り組んできた。幾多の試行錯誤の経験を踏まえ、「教師が学び続けるための3つの方法」を提案したい。それは、「自己」を通じた学び、「書籍」を通じた学び、そして「他者」を通じた学びである。

①「自己」を通じた学び

毎日の教育活動は、実践的な学びの場となる（On-the-Job Training）。日々の振り返りを記録し、気づきを得る。新たな試みや気づき、生徒の反応を記録し、"Something New" として蓄積する。これらは後で振り返り、新しいアイデアを生む貴重な情報になる。私自身、年度末には200〜300ページにも及ぶその年の記録を冊子化し、何が効果的だったかを振り返る。記録が面倒に感じる日があれば、「特にない日は省略」とルール化することで、継続は容易になる。

②「書籍」を通じた学び

読書は、先人の経験や知恵を借りて代理経験を積む手段である。私自身、教育、歴史、ビジネス、自然科学など多岐にわたる分野の書籍を毎月20〜30

冊購入し、知識の幅を広げてきた。特に印象に残った本は、「3度読み」を実践する。一度目は重要な箇所に下線を引き、二度目に下線部分を再読し、三度目はさらに厳選した要点や気づきを読書ノートやPCに記録する。このプロセスを通じて得た知識や深い気づきは、授業や生徒指導に応用しやすくなる。読書の際も、読んだ知識を実際に活かすことを意識すると、インプットの質がグンと高まる（Input for Output）。

③「他者」を通じた学び（対面・オンライン）

対面とオンラインの両方で、他者からの学びを積極的に行う。対面では、研修会やセミナーにリアル参加して新しい方法や考え方を学ぶ。学習者の立場を体験することで、生徒の視点を得ることもできる。また、研修の休憩時間などに、他校の教師と情報交換し、新たなつながりを築けるメリットもある。

オンラインでは、SNSを使って関心のある研修や専門家をフォローし、情報を効率よく得る仕組みをつくる。無料セミナーは気軽に登録できるが、実際には参加しないことも多い。こう考えれば、有料セミナーへの参加も考慮する価値がある。参加費を払うことで元を取ろうと学習意欲が高まり、結果、時間あたりの質の高い学びが期待できる。

さらに、私は研修会で最も学びが得られるのは、発表者本人だと実感している。発表準備を通して、経験や知識を整理し、不足部分を補える。これにより新たな気づきや成長が促される。発表機会がない場合はどうするか。仲間と勉強会を開催して、互いの取組を発表し合うという方法もある。勉強会を複数回続けるには、絶対に参加するコアなメンバーを、自分以外にもう一人見つけるのが鍵となる。地域の仲間とつながり、多くの情報を継続的に得る機会となる。

4. 学びをどのように実践に活かすか

実は「何をどう学ぶか」よりも、「学んだことを実際の教育活動にどう活かすか」という問いの方が難しい。研修で有益だと感じても、実際には実行せずに終わることはよくある。私自身の経験を分析すると、この「学びの非実行」の背後には、実行を「忘れる」ことや、難しいと感じて「あきらめる」ことが影響している。楽しんで研修に参加しても、学びを実行しなければ知らないと同じことである。この「研修成果を実践に反映する問題」を解決するために効果的だと感じ、今でも私が取り組んでいるのは、「情報の一元化」「マイアクションの計画」「付箋によるチェック」という3つのシンプルな方法である。

①情報の一元化

研修やセミナーで得た知識や気づきは配付資料にメモするのではなく、PCや研修ノートに一元集約する。後で見返しやすくなり、実践に活かしやすくなる。

②マイアクションの計画

単に学んだ内容をメモするだけでは、実践に移しにくい。知識が断片的なままだからである。研修後は、学んだことを具体的にどう活かすかを「マイアクション」として計画する。研修直後に実践準備を行うひと手間が鍵となる。

③付箋によるチェック

さらに、計画したアクションを実行する工夫も必要だ。マイアクションを考えるだけでは、忙しい日々で忘れがちになる。そこで、アクションを大型付箋に書き出し、職員室の机上など目に付く場所に貼っておく。実行完了後は付箋に二重線を引く。この行為が心地よい（内発的動機付けになる）。この方法により、学びを行動に移し、自己の成長を感じるプロセスを無理なく継続できる。

5.　多様な学びをどう継続するか

本稿では、教師が学び続けることの重要性と方法を探ってきた。学び続ける教師になるために、最後に大切なことを2つ確認しよう。

①授業準備の重要性

明日の授業準備が整っていなければ、どんなに魅力的な研修でも気が進まないだろう。そこで、1〜2週間分の授業準備を事前にしておく。準備を整えておくことで、急な研修や学びの機会にも柔軟に対応できる心理的余裕が持てる。

②学び方の選択と継続

自らの目的やニーズに合った学びを見つけ出し、それを継続する意志を持つ。実践に活かすことを目的とした学習活動に積極的に参加しよう。

専門：研修会、書籍・論文（本稿参照）、歴史や哲学、自然科学の学習

情報収集：同僚との情報交換、ネットワークへの参加・フォロー（SNS、リアル）

振り返り：授業の撮影、他者からの助言、実践の振り返り（本稿参照）

発信：ブログ・SNS等の執筆、セミナーへの参加（本稿参照）

外部：地域イベント・ボランティア活動への参加、教育関連の映画の視聴

あなたはこれから何を学び、どう実践に活かすのだろうか。この問いを探究しながら、常に学び成長し続ける教師であり続けること、そして同じ志を持つ仲間とつながり、教育界全体のさらなる質の向上を目指していけたらと思う。

かみやま・しんぺい　1978年生まれ。広島県福山市出身。外国語・探究・ESD（持続可能な開発のための教育）担当、中学校の英語検定教科書とオンライン探究教材の編集委員、文科省『ESDの手引き』有識者。英語教育、学級経営、探究など、11冊の著書を出版。

時間と労力を何に向けるか

新堀雄介

関東学院中学校高等学校 教諭 地理歴史科

1. 現場が「在り方」につながる

クラス経営をすること、授業をすること、部活を指導すること、そしてそれらの準備を考えることが私にとってもっとも大切なことであり、そのための時間を捻出し、どのような労力をかけるかが私の「在り方」を規定している。

私は大学を卒業してすぐに横浜市北部の大規模私立中高一貫校に勤務した。数年して授業をある程度できるようになったころ、世界史の授業終了後に、一人の生徒が私に近寄ってきて、「先生、先生のノートを配ってください」と言ってきた。そのノートを黒板に書きながら説明しているのだから、ノートをプリントにして配ってくれ、という話であった。私は「これを配ってしまったら、授業で話すことが無くなってしまう」と返事をしたものの、そのあと、ノートの内容をプリントにして配布してみたところ、その後、授業の準備の質が大きく変わった。このことをきっかけに、うまく展開していることでもいったん捨てて、新たな方法を模索するという「在り方」に気づくことができた。

次に移った学校でも、私にとって忘れられない出来事があった。放課後に4人の生徒が話し合いながら世界史の復習をしていた。その様子を見て、この「相談する時間」を授業中に提供すればもっと「知識」が定着するのではないかと考えた。これはすぐに授業に取り入れ、現在でも続けている。

3校目でも一人の生徒からの一言に大きな影響を受けた。生徒は「先生の説明は誰の役にも立っていない。僕たちにはプリントに書いてあることを説明してもらう必要はない」と言う。私は「君はそうかもしれないけど、経過説明がないとわからない者もいる」と答えた。すると「彼らは家で復習をするわけではないから、経過説明を聞いても忘れてしまう。だから、書いてあることを説明しても意味がない。そんなことより、もっと授業中に考える時間を増やしてほしい」と言ってきた。

次の日から世界史の経過説明の時間を短縮し、「思考」を求める時間を授業

の中核にした。世界史における「経過説明」とは出来事が起こった順を説明することを指す。言い換えればプリントそのものの解説である。たしかに彼が言う通り、書かれていることを説明しているに過ぎない。一方、世界史における「思考」とは事象を関連付けること、一つの事象を別の文脈でとらえ直すことを指す。世界史の面白さはそこにあるのだが、授業の展開を変えてから、彼が批判的にとらえていた生徒たちの意識も大きく変容していった。

2. 教師の評価と「在り方」

　評価には内部評価と外部評価がある。内部評価とは学校内における評価であり、管理職、同僚、保護者、生徒がそのおもな評価者になる。いちばん騙しやすいのは校長で、次に騙しやすいのは同僚、もっとも騙しづらいのは生徒であると昔から言われてきた。

　内部評価のうち、管理職からの評価を意識すると、いわゆる「報・連・相」が必要になる。逆に生徒からの評価に重きをおけば、教師の現場であるクラス運営や授業、部活動の指導などに時間と労力をかけることになる。しかし、日ごろから必要以上に管理職とのやり取りに時間と労力が奪われ、やりたい現場仕事のために時間と労力を割くことができないでいる状況が、多くの教員を苦しめ、過重労働を強いている。

　一方、外部評価とは学外からの評価である。しかし、ここでいう外部評価とは、自らが発信することで得るものではなく、客観的な評価軸を持つ人間が、その教師の現場の様子を評価するものである。例えば部活動において、チームの強化と雰囲気づくりがうまく両立している指導を行っている教員に対し、その指導に共感した他校の教員が合同練習を申し込むなどである。また、進路指導においても、進路実績が伸びていることに目を向けた外部の人間がその指導方法に共感し、進路指導で悩む他校の教員に紹介したり、講演を依頼する場合などである。

　また、高校の授業は教科担当に委ねられ、他教科への関与は好まれない傾向がある。つまり校内であっても外部評価的な要素があるが、生徒からの評価が高い教員は、お互いに評価を行い、その評価を相互に尊重し、連携していることが多い。

　どのような教師で在りたいかを考えるとき、生徒から評価されているという実感を得ることに加え、外部評価を意識することが大切であると考えている。

生徒からの評価を実感するといっても、それが一部の生徒からの評価に過ぎない可能性があるなど、教員自身の主観による要素が大きく、正しいとは限らないからである。外部から共感を得るためには、自ら外に目を向け、自分の現場がどのように受け取られているのかを意識することが必要になる。このことは校内においても同様である。学外に公開される機会が少ない授業においても、校内の教員から共感されることを意識することによって、外部評価と同様の意味を持たせることができる。

3. 労働生産性を意識した「生き方」

　労働生産性とは、労働者一人当たりまたは1時間当たりに生産できる成果を数値化したものである。労働生産性が向上するとは、より少ない労働でこれまでと同じ、もしくはこれまで以上の価値を生み出している状態になることをいう。近年では人手不足や働き方改革の推進などの社会背景から、多くの企業が労働生産性の向上を課題に掲げている。

　多くの学校では、長時間労働の常態化、デジタル化の遅れ、モチベーションの低下、給与体系が時間基準であること、睡眠不足、アナログな作業環境、業務の属人化、労働量が多いこと、残業が多いこと、休暇が少ない、年功序列による給与体系、適切な評価制度が整備されていないなど、一般企業同様の諸課題を抱えている。学校組織としてこれらの諸課題を解消する努力は必要だが、現場と関わる時間を確保するためには、教員個人としても労働生産性を意識した「生き方」を考える必要があると思う。私の場合、16時以降、ラグビー部の指導をするためには、労働生産性を上げて、その時間までにすべての業務を終える必要があった。例えば、定期試験の採点に1時間要していたものを、答案用紙を採点に最適化することで30分に短縮して労働生産性を2倍にした。また、部活動の指導においても、3時間の練習と同等の負荷を1時間30分で行う改善をしてきたが、これも労働生産性を向上させたといえる。

　今後はこれまでのやり方にとらわれず、デジタル技術を採用し、指導の質向上を研究することで、これまで時間と労力をかけて行ってきた業務と同等の効果がある別の方法を採用するべきであろう。それは労働の質的向上につながるだけでなく、現場仕事にかける時間と労力を生み出すことにもつながる。

4. 「生き方」と「在り方」

　キャリア・アンカーとは、マサチューセッツ工科大学名誉教授のエドガー・H・シャインによって提唱されたキャリア理論の概念である。個人にとって「どうしても犠牲にしたくない価値観」や「もっとも大切にすること」、また、周囲が変化しても「自己の内面で不動なもの」があるとしている*。これは「管理職」「専門能力・職人」「安全・安定」「起業家的創造性」「自立と独立」「奉仕・社会貢献」「チャレンジ」「生活様式」の8つのカテゴリーに分けられ、これ以外は今のところ存在しないという。幾つかの質問に答えることで調べることができるが、私の場合は、現場に近いところで自分の才能をフルに発揮し、専門性を高めていくことに満足感を覚える「専門職・職人」であった。学校を百貨店、教員はそれに属する個人専門店と考えてきた私にとって、この診断結果は納得がいくものである。

　時間と労力を何に向けるのかという問題は、教師としての「生き方」を考える問題であり、どのようなことにやりがいや価値を感じられるか、自分にとって譲れない価値観は何かを見つめることは、教師にとっての「在り方」の問題である。「教員の在り方」というテーマを考えることは、「なぜ、自分はこのように行動・発言をしているのか?」を自分自身に問うことである。すでに教職に就いている場合なら、自分のキャリア・アンカーを確認することで、自分の「在り方」を探究するヒントが得られるはずである。

　その「教員の在り方」は学校を変わったり、別の職業に就いたり、また引退後のセカンド・キャリアにおいても、キャリア・アンカーとして自認され、人生の変化に対応していく際に、「自分」を持ち続けていく助けになる。

* エドガー・H・シャイン『キャリア・アンカー』白桃書房 2003

にいぼり・ゆうすけ　横浜市内の私立中高一貫校3校で専任教員として勤務。40代まで部活動の指導に明け暮れつつ、世界史の教員として教材開発に取り組んできた。2018年から教育旅行の中で実施する総合的な探究の時間の研究開発に関わっている。

学びの道のりは続く

髙木俊輔

聖光学院中学校高等学校 教諭 英語科

はじめに

「教師のあり方」とは何だろう。このテーマに触れて、私は頭を抱えてしまった。今まで意識したことがなかったからだ。途中で数年間の留学を挟み、私が教師として積んだキャリアは18年。40代になっても目の前の出来事に必死になるばかりで、自らのあり方を振り返って考える余裕はなかった。

しかし、である。一つだけ確信を持って言えることがあるとするならば、教師としての私は、今まで私が出会った素敵な先生方から学んだことでできているということだ。そこで今回は、私が大きな影響を受けた先生方へのラブレターのつもりで、学ばせていただいたことを書き連ねていこうと思う。

二人の恩師

私が教師を志したのは、高校時代に出会った二人の恩師の影響が大きい。所属していたバスケットボール部の監督だったI先生と、倫理を担当していたK先生だ。

I先生は、ご自身が選手として、また指導者としてもトップレベルで活躍されていた後に体育教師になられた方で、弱小だった私たちのチームは、幸運なことに、そんな素晴らしい先生の指導を仰ぐ機会に恵まれた。練習中は厳しかったものの、普段はとても朗らかで、生徒にも人気の先生だった。I先生のエピソードは枚挙にいとまがないのだが、私にとって最も印象的だったのは、引退試合の後の出来事だった。私たちには想像ができないほどの修羅場を潜り抜けてきているI先生が、私たちが引退をかけた試合で格上のシード校に接戦の末に敗退した後に、一人、車の中で涙されていたのを私は偶然見かけてしまった。トップレベルを知るI先生からすれば、私たちの競技レベルは話にならないほど低いはずなのに、そこまで私たちと向き合ってくださっていたことに改

めて衝撃を受けた。I先生は冗談交じりに「目薬を差していた」と言われるか
もしれないけれど、I先生から学んだ、「本気で向き合うことの大切さ」と、そ
の本気は生徒へ伝わるということは、自分自身が教師になった今でも生徒と接
するときの基礎になっている。

　倫理のK先生は、とても魅力的な授業をされる先生だった。非常に柔軟なカリ
キュラムを設定していた私の母校では、教科書にとらわれない授業も多く、K先
生の名物は「自らのアイデンティティを語る」という授業だった。得意のダンス
を披露する生徒もいれば、お菓子を作る生徒、また自分の半生について語る生徒
など、それぞれの生徒が紡ぎ出す表現の多彩さは非常に魅力的で、それを引き出
すK先生のテーマ設定は非常に巧みだった。しかし、授業の素晴らしさを超えて、
私自身が生徒として感銘を受けていたのは、K先生の「感動する力」だった。お
そらく、その授業を受けていたどの生徒よりも、K先生本人が生徒たちの表現に
感動していたのではないかと思う。それほど、真っ直ぐな、喜びに満ちた表情で、
生徒たちの発表を見つめていた。生徒たちの様々な表現に価値を見出し、感動し、
そのよさを伝える言葉の力強さに、教師の仕事の面白さを感じた。

　そんな二人の先生に憧れて、私は教師を目指すようになった。

「暗闇教師」からの脱出

　運良く教師になることができた頃の私は、生徒たちとの距離も近く、持ち前
の勢いで押し切る授業は、一見うまくいっているようだった。しかし、生徒た
ちの学びはそんなに単純なものではなく、しばらくすると授業中に寝てしまう
生徒がちらほらと出始め、悔しさのあまり彼らを叱り飛ばすこともあった。こ
んなに楽しく授業をしているはずなのに、なぜだろう。どうすればよいのだろ
う。今考えれば、実力もない中で、自分の授業をうまくいっていると捉えてい
たことは経験不足ゆえの思い上がりだったのだろう。

　忙しい日々の中で、初心を忘れずにいることは決して簡単ではない。教員に
なってからしばらくの私は、忙しさを言い訳に、他の先生の授業を見学した
り、研究会に行ったりしたことのない「暗闇教師」だった。そんなとき、ふと、
参考書を書くような先生たちはどんな授業をしているのだろうと思い立ち、机
の上にあった書籍の著者にメールをしてみた。今思えばなんとも不躾な話なの
だが、幸いにして一人の先生がご連絡をくださり、その先生が主催している勉
強会に誘っていただいた。その著者が、関西の私立校で長らく教師として勤務

された後、今は作家として活躍されているK先生だ。K先生には日々の授業のイロハを教わったが、最も大きな学びは「伝える力」の重要性だろう。どんなに素晴らしい知識を持っていても、生徒に届かなければ意味をなさない。K先生からいただいたヒントをもとに、私は自分の授業を録画し、分析し、話し方や動き方の悪い癖を発見し、落ち込みながら改善し続けた。お笑い芸人のYouTubeを見ながら話術や間の取り方を学んだこともあった。K先生が主催する、全国から英語教師が集まる勉強会では模擬授業をさせていただき、厳しい指摘を受けることもあったが、K先生の「いい先生になって」という言葉に背中を押され、ゾンビのように何度も挑戦させていただいた。当時、必死で身につけた「伝える力」は今でも毎日、私にとって大きな助けとなっている。

　授業を作るという観点において、私が最も強い影響を受けたのは、都内の私立校に勤務された後、現在はオーストリア・ウィーン大学にて研究に励んでおられるW先生だ。他人の授業を見学させてもらい、思わず涙を流してしまったのは、後にも先にもW先生の授業だけだ。私が見せていただいたのは、W先生が担任として持ち上がった高校3年生の最後の授業だった。それまでのW先生と生徒たちの3年間のプロセスを全く知らないのにも関わらず、その授業でのW先生の熱量と、生徒たちの姿に引き込まれ、気づくと涙が頬を伝っていた。W先生は、授業の技巧もさることながら、英語の授業を通じて「人を育てる」ことを誰よりも真摯に実践されている。そんなW先生と一緒に月一回、授業作りの勉強会をさせていただくことになった。授業を作るというテクニカルな響きとは異なり、私たちがまず取り組んだのは地道に「生徒を見る」ことであり、中でもW先生の「見る力」は群を抜いていた。生徒を見る、とは、彼らがどんな人たちで、どのようなことに悩み、どのようなことに心を動かしているのかを観察することを指す。授業を作る際に、私が今でも最も大切にしているのは、この「生徒を見る」ことである。生徒を置き去りにした授業は、どんなに技巧的に優れていても、きっと「よい授業」とは言えないのではないだろうか。

　最後に、大阪のある私立校で校長を務めておられるH先生との邂逅は、私にとって非常に大きな分岐点になった。H先生はオーストラリア・パースにある私立校に長年勤務されており、私が日本で参加したある勉強会で講師を務めていただいた際に初めてお会いした。そこでH先生がご紹介くださった、生徒が活き活きと学ぶパースの学校の様子と、それを支える教育哲学と学習科学の知見に魅了された。当時の私はオーストラリア・メルボルンに留学することが決まっており、この縁を頼りに、渡豪後にH先生の当時の勤務校を訪問させてい

ただいた。研究の知見が実際の学校運営に落とし込まれた、日本の学校とは大きく異なる様子に驚き、感心したのだが、それ以上に、H先生が校内ですれ違う様々な学年の、たくさんの生徒たちの名前を呼び、「この間の……だけど、〜がとてもよかったよ」と彼らが取り組んでいることに対して具体的なコメントをされていたのに驚いた。一朝一夕にはできない、日々生徒と共に生きているからこその立ち話にH先生の凄みを感じた。当時の私は大学院で学習科学を学んでおり、自分自身の学習者、そして教師としての経験を、振り返りながら問い直していた。「学校って何のためにあるのでしょうか?」と口をついて出た私の疑問に対して、H先生は少し考えると、「生徒がよい時間を過ごすためではないでしょうか」と穏やかな笑顔で答えてくださった。このシンプルな言葉の中に、H先生の本質が垣間見えたように感じた。学校は学習者のためにあり、彼らがよい時間を過ごすことができる空間・時間を創り出す人が教師であるとも言い換えられるだろう。もちろん、「よい」の定義は多岐にわたるため、その全てに対応することはできない。しかし、学校は、教育は、誰のためにあるものなのか、という基本的な問いを忘れずにいれば、自ずと教師のあり方が見えてくるのではないだろうか。その後、H先生は大阪の私立校に校長として招聘され、私も日本に帰国し、今もことあるごとに教えを乞うている。

学びの道のりは果てしない

このように振り返ってみると、私が教師を続けてこられたのは、様々な先生のビリーフ(＝信念)に触れ、刺激を受けてきたからなのだと思う。そしてそれは、ここに挙げた五人の先生だけではなく、私がこれまでのキャリアの中で出会ったたくさんの先生、そして生徒たちから学ばせてもらったことが糧になっているのは間違いない。

教師のあり方について、私が語る言葉を持ち合わせているとするならば、それはきっと「教師とは学ぶ人だ」ということだろう。生徒を見て、本気で向き合い、感動し、それを伝え、彼らがよい時間を過ごす場を作るためには、教師自身が日々を面白がり、価値を見出し、そこから何かを学びとろうとする姿勢を持っていなければならないのではないだろうか。そう考えてみると、教師の日々は、人との出会いは、学びに溢れている。そして、そんな学びの道のりは、教室の内外で、今日も明日も果てしなく続く。

たかぎ・しゅんすけ　横浜生まれ横浜育ち。私立中高一貫校勤務とオーストラリア留学を経て、2022年より現職。メルボルン大学修士課程修了(教育評価専攻)。アセスメントデザイナーとしても活動中。お酒と音楽とバスケが大好き。

Standing on the shoulders of giants
——3人の恩師と私のミッション

山田邦彦

静岡サレジオ中学校・高等学校 教諭 数学科

1. はじめに

　私は中学生の頃から教師になりたいと漠然と考えていました。周囲から勧められ、また、私自身も広大なキャンパスと筑波研究学園都市という特別な場所に憧れ、筑波大学第一学群自然学類に進学しました。私の数学教師としてのキャリアは、筑波大学での3人の恩師、能田伸彦先生、清水静海先生、坪田耕三先生との出会いによることが大きいです。能田伸彦先生との出会いは、数学教育概論の授業でした。能田先生が紹介されたオープンアプローチは、その後の私の授業実践の核となる指導法として、私に深く根付きました。修士課程で能田ゼミに入り、「高校数学におけるオープンな問題に関する一考察」と題する修士論文を提出することができ、現在の教育活動の礎となりました。

　清水静海先生からは、数学という学問への敬意と教えることの重責を学びました。清水先生の指導の下で教科を超えた広い視野を持つことの大切さを知りました。授業以外に教えを受けることも多く、あらゆる場面で指導を受けました。

　そして、坪田耕三先生との出会いは、大学二年生の夏、筑波大学附属小学校での教育参観に参加した時でした。私は、坪田先生のクラスに配属され、児童に混ざって坪田先生の算数の授業を受け、清里の合宿にも同行させていただきました。坪田先生の授業は、大学生の私にとってもワクワクする授業でした。坪田先生の算数の授業は私の授業作りに大きな影響を与えています。

　現在私が大切にしているのは、生徒が数学の本質に触れ深い思考ができる授業です。生徒が数学的概念を視覚的に捉えられるよう具体物の操作を取り入れたり、問題解決において図示を重視し、生徒たちがイメージを形成し、それを言語化、数式化する過程を促しています。このような指導は、生徒たちが数学の本質を深く理解し、自身の思考を展開する力を育てるための重要な手段となっています。

2. 私のミッション

　私のミッションは「数学教育で人々を幸せにする」です。このミッションを作ってから、私の教育活動は学校だけにとどまらず、学校外にも及ぶようになりました。このミッションは、2014年に参加したドリームマップ®プログラムにおいて自分のビジョンと目標をマップにまとめるワークショップから生まれました。この過程で、自分自身の得意なことや大切にしたいことを深く掘り下げ、教育に対する新たな方向性を再発見しました。また、ドリームマップファシリテーターの資格を取得し、その技術を教育活動に取り入れています。

　このミッションに従ってライフワークとしている活動が「数学オリガミ」のワークショップです。折り紙を通じて数学の概念を具体的に示し、数学の面白さと美しさを伝えています。通常折り紙は正方形の紙を用いますが、このワークショップでは縦と横の比率が1対$\sqrt{3}$の長方形の紙を用います。この長方形から1つのユニットを作ります。対称性を持つ2種類のユニットを使って正多面体を組み立てます。2種類のユニットを1枚ずつ用いると正四面体を作ることができます。そして、2枚ずつ用いると正八面体を作ることができます。さらに、5枚ずつ用いると正二十面体を作ることができます。正多面体の定義に従うと、複雑そうに見える正二十面体も組み立てることができます。正二十面体を完成すると、子どもたちはいつも最高の笑顔を見せてくれます。このワークショップは校内だけでなく、市民講座や地元の雑貨店でも行いました。また、アメリカ、オーストラリアの学校でもワークショップを行い、「数学オリガミ」のワークショップは常にバージョンアップしています。

　折り紙はとても数学的です。例えば、折り紙の角を合わせて折る操作は垂直二等分線の概念を、辺を合わせる操作は角の二等分線の概念を具体化します。私は、数学の学問としての側面と、物事を数学的に見る側面の両方が重要であると考えています。そして、数学的な見方や考え方が日常生活や社会の問題を解決するための一助になると信じています。筑波大学での学びと3人の恩師の存在は、私のミッションを追求する上での大きな支えです。私の教育活動は、「数学オリガミ」のワークショップをはじめとする多様なプログラムを通じて、学校内外で数学の楽しさを広く伝えるものになっています。

　さらに、静岡サレジオへ移ってから私の教育活動は充実度を増しました。静岡サレジオは、カトリックミッションスクールであり、創立者であるドンボスコの教育思想に基づいた教育をしています。ドンボスコの「愛するだけでは足

りません。相手が愛されていると感じるまで愛しなさい」という言葉は、私の教育活動にも深く反映されています。私は、生徒たちに学問としての数学だけでなく、数学を通して人間としての成長と仲間や社会への貢献の重要性を教えています。ドンボスコの教育思想は、私を新たな次元に導きました。生徒たちが自らの能力を最大限に発揮し、社会に貢献できる人材に成長することを目指しています。静岡サレジオでの経験は、私の教育活動にとって非常に重要な要素であり、数学教育を通じて人々を幸せにするというミッションをより深く追求する機会を与えてくれています。

　私は、生徒たちに数学の本質的な価値を伝え、彼らの思考力と問題解決能力を育成することに尽力しています。この教育活動を通じて、より良い社会を築くことに貢献することが私の願いです。

3. 　カレッジステージ（中3～高3）での私の教育活動

　静岡サレジオは、幼稚園から高等学校までが同じ敷地にある男女共学のカトリックミッションスクールです。私は中学3年生から高校3年生までを指すカレッジステージに所属しています。カレッジステージでは、生徒一人ひとりがクロムブックを所持しています。コロナ禍を契機に、ICTの活用が急速に進んだことで、私の教育方法も大きく変化しました。授業では数学の資料をPDFに変換し、ネット上の授業用サイトに掲載することで、生徒が事前に内容を確認し、自分のペースで予習することを可能にしています。また、授業ではkamiというアプリケーションとペンタブを利用してPDF資料に解説やポイントを直接書き込むことで、生徒たちは自分のクロムブックで内容を確認することができます。その結果、板書を写す時間を削減し、思考する時間を増やすことができました。さらに、グーグルフォームやドキュメントを使った授業の振り返りを実施し、その内容を生徒にフィードバックしています。

　このようなICTの利用により、生徒一人ひとりの思いを把握し、それを次の授業改善に生かすという循環が生まれました。また、情報を蓄積し、生徒の学習改善に利用することも可能になりました。静岡サレジオが大切にしている「生徒に寄り添う教育」の理念が、ICTの活用によってより具体化されています。ICTの進化を積極的に取り入れ、生徒たちが主体的に学習できる環境を継続的かつ発展的に作り上げることが、私の今後の目標の一つです。

4.　社会に開かれた教育の研究

　筑波大学での学びや恩師たちからの影響を基に、私は数学教育に関する研究を続けています。特に「数学オリガミ」のワークショップに代表されるような実践的な学びは、生徒たちに数学の概念を具体的に理解させるための有効なツールなので、今後は他のツールも取り入れたいと考えています。具体的には、知育菓子®を用いた数学のワークショップを設計中です。また、数学を教える対象を拡大し、学生時代に数学嫌いに陥った大人たちにも数学の面白さを伝えたいと考えています。そこで、リスキリングの視点から、大人向けの数学講座の開催や、リスキリングのための数学教育に関する研究をするつもりです。数学的思考力は、社会において不可欠であり、企業研修としての数学講座の開発も視野に入れています。

　このように、今後の私の教育活動は生徒たちだけでなく、大人の学び直しや社会全体にも影響を及ぼすことを目指しています。ドンボスコのように、教育事業を通して生涯にわたり社会に貢献したいと考えています。

5.　おわりに

　私の教師としての在り方は、恩師たちのおかげで成り立っています。特に影響を受けたのは、清水静海先生がよく引用された寺田寅彦の随想からの言葉です。「科学者はあたまが悪くなくてはいけない」というこの言葉は、今も私に示唆を与えてくれます。この教訓は、答えを出すことだけが数学であるという狭い認識ではなく、数学の世界への探究心を持つことの大切さを思い起こさせます。

　最後に、「巨人の肩の上に立つ」という言葉が示すように、私たちは先人たちの知識と経験を基に、次の高みに到達できるのです。私にとっては、恩師たちから受け継いだ教育の遺産を大切にし、それを基に教育活動を継続することこそが、数学教育を通じて人々を幸せにし、より良い社会を築くために貢献する方法なのです。

やまだ・くにひこ　1970年生まれ。筑波大学大学院教育研究科修了。静岡市内私立学校を経て2015年より現職。市民講座「アース（明日）カレッジ」、外国にルーツを持つ子どもたちのための学習支援のボランティア「しゅくだいひろば」に参加。

自ら学び、世の中とつながりながら、生徒と共によりよい世界を創る存在へ

豊田拓也

熊本県立第二高等学校 教諭 数学科・SSH探究部

1.　「教えるだけの授業」から「生徒の学びを支える学習活動」へ

　以前から「教えても教えても、させてもさせても、なかなか学習内容が長期に定着させられない」という悩みを抱え続けていた。学習したその場では分かる（問題も解ける）様子が見えても、翌週、厳しい場合には翌日にはもう問題が解けなくなってしまう。どうしてだろう、教え方が悪いからか、課題が不適切だったかなど自問自答する日々が続いていた。

　ある研修で「皆さんは『今日の授業の目標は教科書p○○の何番まで（解説を）終わること』という授業目標を立ててはいませんか?」と言われたとき、はっとさせられた。学びのコントローラーが生徒ではなく教える教員側であったこと、さらに明確な学習目標なしで、ただただ「教科書を教える」だけであった自分に気づかされた。

　あるとき、同僚から「アクティブラーニング（以下AL）実践者の学習会があるから一緒に参加しませんか」と誘われたことがALとの出会い、そして溝上広樹さん（本シリーズ第1巻に寄稿）を代表とする「アクティブラーニング型授業研究会くまもと」（以下ALくまもと）の運営に関わるきっかけとなった。ALに関する本を読み、実践者の授業を見学し、「教える」だけの授業から生徒が「学ぶ」場づくりへの転換、教師主体の「授業」ではなく生徒主体の「学習活動」の教育実践に挑戦を始めた。そして、少しずつ「何を教えるか」ではなく、生徒が「何を理解し、何を分かる・できるようになるか」を意識した学習活動を目指せるようになっていった。そのことと並行してALくまもとの学習会では、ファシリテーションやルーブリック、ポートフォリオやリフレクションなど新たな学びの知識や考え、それらを活かしたこれからの授業づくりなどの教育活動に対する視野や考えがさらに広がった。この安心・安全の学びの場でつながる仲間の存在が、自校における新たな挑戦や教育活動の原動力となっている。

　令和4年度から高等学校では「観点別学習状況の評価」（以下、観点別評価とい

う）が始まった。知識・技能、思考力・判断力・表現力等、主体的に学習に取り組む態度の3観点で評価を行っている。前任校で令和2、3年度に国立教育政策研究所（国研）の教育課程研究指定校事業「数学的活動を通して思考力・判断力・表現力等を育む指導と評価の実践研究」に携わり、それが「どのように指導して観点別の評価を行い、評定するか」ということに力点を置いた先行研究実践となった。「評価」をするためには「目標」が必要であること、学びの主体は生徒であり、その学習状況を「観る」ことが観点別評価であることを確認する過程で、「学びの主体はあくまで生徒である」という当たり前のことを再認識し、さらに自分の授業（学習活動）に対する意識が変わっていった。

2. 「教科書を教える」から「教科書を通して共に学ぶ」への転換

　研修や学習会などで数学の教員同士で「先生の学校ではどこまで進んでいますか？」という会話がよく交わされる。進学校では、授業進度を速め、とにかく教科書指導を早く終わらせ、難解で複雑な思考や作業を伴う問題演習に取り組む時間と量を増やしたい、専門高校や進路多様校においても、どうせ教えてもすぐ忘れてしまうので、教科書の基本解法のみをさっと教え、復習（ドリル）を繰り返せばよいという考えで授業をしている方もいることだろう。

　数学の教員の多くは、教科書の内容をただ解説するだけの授業ならば、ほぼ予習なしでできてしまう。教科書ごとの扱う教材や内容に大きな差がないためである。加えて「問題の解き方」に注力した指導になりがちで、定理や公式の証明、数学と現実社会とのつながりやコラム・補足事項への言及、そして現行課程で求められている課題学習や数学的活動を省いてしまっていることも少なくない。

　しかし、この数年、少しずつだがその現状に変化が見え始めた。大学入学共通テストの導入もあり、原理原則の理解と思考力・判断力を問われる問題と対峙せざるをえないなど外圧的な要因はあるものの、教科書指導の中で原理原則をきちんと学ぶことが見直されてきている。参考に小倉悠司さんが本シリーズ第2巻に寄稿された「予備校講師をして得た知見の共有」の中のHow（解き方）とWhy（なぜそうするのか）について書かれている部分を読んでいただきたい。

　初任の頃、今でも尊敬してやまない先輩の先生が「教科書って本当によくできているな」と話していた。その当時は何となく聞き流していたが、経験を重ねていくごとに、その言葉の意味が少しずつ分かるようになってきた。さらに

コロナ禍に急増したオンライン学習会の中から生まれた「高校数学教科書精読会」というコミュニティで、教科書をじっくりと読み、用語の定義の再確認から、例題一つ一つの数字や条件の設定の意味、解答例の行間を確認し、関連する練習の数値設定の意図、教材・話題の配列の工夫など互いに気づきを共有した。この教科書の精読を通しても多くの学びを得られ、指導観が変化していった。

3. つながりながら学び、つなげる存在を目指して

自らの学びを深め広げるために、ALくまもとや様々な学習会に参加することで、県内外の教育関係者や社会で活躍する方々との縁が広がった。そして、多様な方々との対話を通して、新たな発見と学びが繰り返される。その縁や国研での実践研究の関係で、研修講師の依頼をいただくこともある。和田美千代さん（本シリーズ第3、4巻に寄稿）が提唱する「インテイクスイッチ理論」は、発信者はアウトプットの場があれば、その内容が自分事となり一番の学び手になるというものである。いわゆるAL型学習と同じであり、研修講師の私自身が参加者よりも多くを学ばせてもらう機会となっている。

学校の外に踏み出してみると、世の中にはこんなにも多くの人が「学校の教育活動に協力したい」と考えているのかと気づかされる一方で「でも、学校には壁を感じる」とも指摘される。私は学校の内側から「啐啄」という言葉のように殻を破り、外の世界とつながる機会を設けたいと考えている。総合的な探究の時間の活動においても、社会課題を自分事として捉え、主体的に考えることが求められており、高校生と現実社会とのつながりの必要性は高まっている。

だから、生徒たちの発達段階やニーズに合わせつつ、的確な場と時期を捉え、社会と直接つながる機会を設けることは教員の大事な役目の一つではないだろうか。「学校」というとても狭い業界の理論では、実際の世の中は動いてはいない。まずは自分自身が外の世界とつながり、現実社会のリアルを学びつつ、子どもたちと社会とがつながるコネクター的な存在でありたい。

4. 多様な能力と考え方が集まることで、魅力ある教育が生まれる

この数年の間に、リアルやオンラインコミュニティでの出会いを通して、全国には、とにかく学びの面白さや魅力を伝えたいと熱意溢れた活動をしている

先生、この問題はいつどこの大学の入試問題でこういうアプローチをするという情報が瞬時に出せる受験の神様のような先生、どこまでも生徒に寄り添い生徒の目標達成に伴走し続ける素晴らしい先生など、多くの魅力ある先生がいることを知った。

　一方、自分はどうなのだろう。簡単には解けない入試問題なんて山ほどあるし、生徒たちがワクワクしながら楽しんで学ぶことができる授業が毎日できているわけではない。そのような自分は教壇に立つべきではないのだろうかと悩むこともある。もしかすれば、読者の中にも私と同じような思いを持っている方もいるのではないだろうか。

　現代の日本社会は大変複雑で多様な存在に溢れる社会である。現に、年度当初の生徒との個人面談で「あなたの趣味とか『推し』は何?」と尋ねると、ほぼ全員の答えが異なっている。目の前にいる生徒たちは、置かれた環境や状況が異なり、それぞれに多様な価値観や考え方を持っている。学校はその多様な生徒たちをしっかりと受け止めつつ、未来を生き抜く力を育むことが求められている。私たち学校のスタッフもまた、それぞれに得意不得意があり凸凹がある。その違いこそが学校集団としての魅力、強みであり、そういう場でこそ生徒の個性的で多様な考えや価値観をよりよい方向へ伸長できるはずだ。その場づくりのために、これから自分には何ができるかを考え続けていきたい。

　ICT環境の急速な変化、生成AI活用時代の到来など、今、教育の現場も変化の激しい社会の抱える課題に向き合っている。我々教員は、まず教授型授業への固執、先生がすべてを教えなければならないという呪縛から解き放たれるべきだ。なぜなら、自己の現状を知り(メタ認知し)、足らざるを理解し、学び続けることが今まで以上に求められるからだ。だが、すべて網羅して学び、生徒に教授することは到底できない。そうではなく、生徒と共に学んでいくこと、予測ができない未来社会、答えのない様々な社会課題を一緒に考えていける存在として伴走していくことがこれからの教員の在り方、Beingであり、魅力ある学校教育の場はそこから生まれると私は考えている。

とよだ・たくや　熊本の県立学校23年目の数学の教員。学年主任や進路指導主事、教育研究部長を歴任。令和2・3年度には国立教育政策研究所の学習評価に関する研究実践を行う。ALくまもとの運営メンバー(おもてなし担当)。

学び続ける教員
旅路の中で見つけた成長と喜び

酒井淳平

立命館宇治中学校・高等学校 教諭 数学科

大学で学びのスイッチが入る

　教員になって20年以上が過ぎた。文科省指定を受けての探究カリキュラムの開発と実践、教科書の執筆など学校内外で様々なことに挑戦する機会を与えてもらってきた。いろんな機会を与えてもらったこともきっかけとなり、自分なりに教員として学び続けているつもりではいる。しかし学び続ける自分がいるなんて、昔の自分や自分の周りにいた人には想像ができなかっただろうとも思う。

　学ぶことの意義なんて感じることができず、受験に必要な教科以外は授業もろくに聞いてなかった高校時代。小・中学校のときも、好きだった算数や数学以外の授業に対して前向きに取り組んだ記憶があまりない。学びは自分の進路などのために仕方なくするものだったように思う。

　こんな自分だったが、大学時代になぜか教育学には興味を持ち、大学院に進学して学びたいとまで思うようになった。自主夜間中学校に少しだけ関わらせてもらったときには、学ぶことによって世界が広がることを実感でき、自分も少しでも教育の世界に貢献したいと思った。もしかしたら自分は20歳を過ぎてようやく学びたいものに出会い、学びのスイッチが入ったのかもしれない。そして興味を持った教育学や、昔から好きだった数学が結果的に仕事につながって今があることは幸運なのかもしれない。

　初任の立命館中学校・高等学校では、良い先輩に恵まれた。名前を挙げればきりがないが、若い先生が少なかったときに、大学院を出てすぐに教諭として着任した自分に対して、人事面でものすごく配慮してくださったことが今ならわかる。教員生活のスタートで良い先輩に恵まれ、その先輩たちが日々学び続けておられる姿を見て毎日を過ごすことができたことは今の自分に大きな影響を与えている。いや、あの先輩方に出会えたからこそ今でも教員を続けることができているのだろう。

　初任校では中学男子ソフトテニス部顧問としてクラブ運営を完全に任せても

らい、20代は週末のほとんどをクラブに捧げて、生徒と夢を追っていた。クラブを通じて生徒とともに人としての成長を目指していたあの頃。上位の大会に行くと、指導者として学び続けている素敵な先生方に多く出会い、そこで次の目標へのモチベーションをもらえた。今ふりかえるとクラブのおかげで教員生活がより充実したのも事実。

　そして同僚に誘われて参加した京都教師塾（教育委員会主催ではなく、有志の集まり）。毎月1回土曜日の夜に集まり、深夜3時頃まで様々な議論を重ねる本当に「濃い」学びの場だった。京都教師塾は同じ班になった先生方と1ヶ月の成果を報告しあうことから始まった。そして様々なインプット、情報交換、自分と向き合う時間があった。京都教師塾で自らの教育理念を作り改良し続けたこと、ルーティンチェック表で毎日の行動を意識して生活したこと、長期目標設定用紙を記入し、目標に向かって仲間と実践を重ねたことは教員としての自分のあり方に大きな影響を与えた。京都教師塾に参加することによって、自分のあり方を考え、学んだことを実践する日々を過ごすことができたから、さらに学びたいことや会いたい方も増え、自分の世界は広がっていった。

　その後、現在の勤務校である立命館宇治中学校・高等学校に異動し今に至る。立命館宇治ではキャリア教育部の立ち上げ、キャリア教育の文科省指定事業、探究カリキュラムの開発と実践などに挑戦してきた。学校外でも文科省での「キャリア教育に関する総合的研究」の調査協力や『「指導と評価の一体化」のための学習評価に関する参考資料（高等学校・特別活動）』作成、数学の教科書執筆などいろいろなことに関わる機会をいただいた。いろんなセミナー、研究会、フォーラムなどにも受講者として、ときには講師として参加してきた。こうした機会に出会った方たちからは授業についても生徒との向き合い方についても学ぶことが多く、教員としてはもちろん、人としてあこがれる方ばかりだった。そんな出会いはさらに学びたいというモチベーションも高めてくれた。

　こうやってふりかえると、昔は仕方なく学んでいた自分であったが、教員になってからは、自ら学ぼうとしているようにも思える。そしてその変化の理由が人との出会いであることは間違いない。教員になってからの自分は周りの人のおかげで、学び続けることができているのだろう。

教員生活は学び続けることで楽しくなり、より充実する

　教育基本法の第9条には「教員は、自己の崇高な使命を深く自覚し、絶えず

研究と修養に励み、その職責の遂行に努めなければならない」とある。また2021年に文科省が発表した「『令和の日本型学校教育』を担う新たな教師の学びの姿の実現に向けて」にも、時代の大きな変化などに触れながら、「教員は学び続けることが必要」と書かれていた。教員は生徒たちに力をつけ、生徒の成長をサポートするのが仕事であり、そのために授業などいろいろな教育活動を行っている。より良い教育活動ができるようになるためには、教師自身が学び続けなければならない。この言葉に間違いはない。しかしこのように言われることに対して違和感を持つ自分がいるのも事実。私たち教員は「学ぶべきだから学んでいるのだろうか?」。いやそんなはずはない。自分はこの問いに「No」と答えるし、おそらく自分が出会ってきた先生方もこの問いには「No」と答える方が多いのではないだろうか。学び、その過程でいろんな方と出会うことは、自分の世界を広げてくれ、それは純粋に楽しい。そして自分はいろいろなことを学んだおかげで教員生活が充実している。こうしたことが学び続ける理由であるように思えてならない。

　確かに教員はプロとして学び続けるべきだと思うし、それこそが教壇に立つ資格なのだろう。昔のやり方が通用する時代でもなく、教員としてアップデートすることなしに生徒にとって価値ある存在で居続けることができないことは間違いない。このことをわかりつつ、あえて「学び続けるべきだから学ぶのではない。学んだ方が楽しいし、より良い教員生活を過ごせるから学び続けるのだ」ということを強調したい。学校は「〜べき」という言葉が語られがちな場所である。だからこそ「〜べき」ではなく「〜した方がいい」「〜した方が面白い」を語りたいし、それは教員としての学びも同じである。

学び続け、より良い旅を歩む

　WBC決勝戦、誰もがあこがれるメジャーのスーパースターがそろったアメリカとの試合。試合前に大谷選手が「今日だけは(メジャーリーガーに)あこがれるのをやめましょう」と言ったことが話題になった。二刀流という新たな世界を切り開き、日本を飛び出して活躍している大谷選手だからこそ、その言葉に説得力があった。何を言うかは大切だが、誰が言うかも大切だということを改めて感じるエピソードでもあった。確かに学校でも、何を言うかより誰が言うかが大きいと感じることが多いのは事実。そしてそれはそのまま自分に返ってくる。教員として日々過ごしている自分は、その言葉に説得力を持たせること

ができているのだろうか。教員としてのあり方が問われているように感じる。

　前任校、今の学校と2校でお世話になった校長先生が退職される際に言われた言葉が「よき旅を！」だった。教員人生も折り返しを過ぎ、その言葉の重みを感じることが増えてきた。学校生活は入学で始まり、入学した生徒たちはいろいろな思い出を重ねながら毎日を過ごしていく。そしてそんな生活は卒業式で終わる。これは教員人生も同じである。20年以上前に始まった自分の教員人生も、そのうち終わる日が来る。卒業するまでにどんな思い出を重ねながら過ごすのか、その過程は旅そのものである。

　教員としてのここまでの旅をふりかえると、いろんな人に出会い、しんどいことも多いけどトータルで考えると充実したものだったことは間違いない。いや、充実した旅にご一緒させてもらってきたのかもしれない。これからも旅は続く。そしてここからは次の世代への道を作ることも自分の旅に含まれるのだろう。

　1年位前に、同世代の友人2名と飲んだときに教員人生について語り合った。行政から私学に転職した友人、管理職という道を選んだ友人、どちらもびっくりする選択だったが、2人に共通していたのは「成長を求めての道の選択」だった。教員の世界では40代を過ぎたあたりから、そのキャリアが「管理職か現場か」の二者択一で語られることが多い。でも管理職や現場なんてどちらも組織の中の役職に過ぎない。大切なことは自らのあり方であり、教員人生という旅、そして自らの成長だろう。「新たな世界を見て成長したい」、管理職を選んだ友人も、転職を選んだ友人も同じことを言っていた。その言葉がその友人のあり方であり、学び続ける姿を示しているようにも感じた。

　生徒の成長をサポートする教員という仕事を選んだ以上、学び続けることが必要であることは間違いない。学び続けている教員としてのあり方こそが、生徒や周りの先生方に影響を与えるだろうし、教員として学ぶ楽しさを知っておくことが大切なことも間違いない。ただ忘れてはいけないのは、私たちは誰もが人生という旅を歩んでいることであるように思う。学び続け多くの方と出会うことは、旅をより充実したものにしてくれる。その旅の歩み方こそが、人としてのあり方であり、充実した旅が人としての成長につながるのではないだろうか。そして「学び続ける教員」というのは、ノルマや義務というよりは、よき旅を求めた結果ではないだろうか。実際、自分の周りの素敵だと思う先生方は、結果として学び続けているように見える。これからも仲間と一緒によき旅を続けたいし、その結果学び続ける教員でありたい。

さかい・じゅんぺい　キャリアコンサルタント。学校ではキャリア教育部長として、キャリア教育や探究学習の統括、教員研修などを担当。著書に『高等学校新学習指導要領 数学の授業づくり』『探究的な学びデザイン』『探究が進む学校の作り方』(いずれも明治図書) など。

I'm still learning.

大平佑有子

東北大学大学院教育学研究科博士後期課程
元私立中高英語科教諭

　本書は、学びと教師（教える、伝える立場の人）のあり方に焦点を当てるということで、私にとって学びとは何か、私は何をどのように学んできたのか、今後どのようにありたいのかということを考える機会をいただいたように思います。私にとって学びとは、人との出会いによる自己発見と自己変容だと考えています。このセクションでは、私の教師としてのあり方に影響を与えた恩師、生徒、共に学ぶ仲間たちとの出会いを振り返り、今まで学んできたことと今後も大切にしていきたいことについて記します。

恩師との出会い

　私は小学校、中学校とあまり楽しくない学校生活を送りました。鮮明に覚えていることの一つに、小学校3年生の国語の授業参観での恥ずかしい経験があります。たくさんの保護者が見ているなか、手を挙げ、先生に当ててもらったものの、間違った答えを言って先生とクラスメイトに笑われてしまいました。それは方言に関する問題で、他県から引っ越してきた私は、違う言葉と勘違いしたのです。この一件以来、ただ一つの「正しい」答えを考えて勉強するようになりました。その結果、「成績優秀」にはなったものの、モヤモヤした気持ちのまま高校生になりました。

　高校1年生の1学期、公民の定期試験で記述問題がありました。○ではなく△が1問あり、納得いかなかった私は「答え、合ってますよね？」と先生に食ってかかりました。すると、先生は少し驚いた後、ニッコリして「物事には枝葉があるんだよ。幹だけではダメなんだ」と言いました。その言葉に私はハッとしました。今まで幹＝正解だけを追い求め、そこに枝葉＝自分なりの考えを付け加えたり、相手に理解してもらえるよう工夫する努力がなかったことに気がつきました。先生は、私が心に抱えているモヤモヤに気づき、優しく諭してくれたのでした。その後、私は国際交流や委員会活動などさまざまなことに挑

戦するようになり、その先生はいつも励ましてくださいました。この経験から、私も誰かの背中を押して応援できる存在になりたいと考え、教師を志しました。

　晴れて教師になってみると、心にモヤモヤを抱えている生徒が多いことに気がつきました。生徒の発言や行動の裏には言葉にならない思いがあり、聞いてほしい、見てほしいというメッセージをひしひしと感じることもありました。そんな時には、直接「悩んでる？」とは聞かないものの、いつでもあなたの味方だよ、見守っているよという気持ちが伝わるように、言葉を選ぶようにしていました。このスタンスは教師をやめた今も変わっていません。特に、子育てをするなかで、まだ幼い娘が怒ったり、わざといけないことをしたりすると、何か伝えたいことがあるんだな、どうしたのかな、と考えます。ツンケンしても失敗しても、見ていてくれる、声をかけてくれる人がいる安心感は、私が恩師から教えてもらったものであり、私もそのような安心感を周囲の人に与えられる存在でありたいと願っています。

生徒との出会い

　私自身の小学校での経験から、大学を卒業後、大阪で高校の教師になってからは、生徒が授業で恥ずかしい思いをしたり、劣等感を抱いたりしないようにと気をつけていたつもりでした。しかし、担当している英語科の問題には正解も不正解もあり、テストの点数や成績の評定が低いせいで、英語が得意ではないと思いこんだり、好きでなくなったという声も耳にしました。その度に申し訳ない気持ちになり、覚えている英単語の数や理解している文法の数、英会話の流暢さで生徒を評価する以外に、もっと生徒の考えや良いところを引き出せる授業がしたいとずっと思っていました。

　教師になって２年目の終わりに、あるクラスで、大学院で勉強し直して評価方法を変えてみせると言ったことがありました。その時、ニコニコしながら頷いてくれた生徒がいました。彼は英語は「得意ではない」ものの、英作文を書く時には臆せず自分の意見を書いてくれる生徒でした。実際に大学院に進んだのは、大阪の高校での担任を終え、東京の私立中学・高校に転職し、さらに出産後だったので、それから７年経っていました。そして修士、博士と進んできましたが、今でも挫けそうになると彼の頷きを思い出します。自分の研究によって笑顔になれる生徒がいるはずだと信じて日々邁進しています。

　ありがたいことに、教師をやめた後も連絡をくれる教え子がいて、一緒に食

事をすることがあります。当時、中学生・高校生だった教え子たちは、今や就職したり、家庭を持ったりして、人生にさまざまな悩みを抱えています。私が夢を諦めてしまうと、彼ら彼女らを励ますことはできません。元教え子に会った時に恥ずかしくないように、いつまでも頼れるかっこいい「先生」でいられるように、という思いが私の生きる原動力であり、学び続ける理由となっています。

仲間との出会い

　学びたいと思って学びの場を探していると、自然と気の合う仲間に出会います。最初の出会いは、関東での英語教員による小さな勉強会でした。そこでは、いかに生徒と生徒、生徒と教師、生徒と教材をつなぎ、自分事として社会の問題を捉える授業を創るかということに取り組みました。一人ひとりの教員の持ち味や、担当している生徒の状況を鑑み、参加者がお互いを尊重し合い、学び合うことのできる場でした。その勉強会には、大阪の高校教員時代からニュージーランドの大学院に留学するまでの約5年間通いました。同時期に海外大学院へ留学した仲間もいて、オンラインで論文の相談に乗ってもらったりもしました。帰国後、英語教員をやめてからは共有できる授業実践がなく、足が遠のいてしまっていますが、個々のメンバーとは今でも連絡を取り合います。あの勉強会のような温かな学びの場を、私もいつかつくりたいと思っています。

　次に学び合う仲間に出会ったのは、大阪の高校から転職した先の東京の私立中学・高校でした。その学校では、生徒が興味関心のあるテーマについて探究する卒業論文が課せられていたほか、教員が教科横断的に生徒の学びを支えるプロジェクトが進行していました。現在ほど「探究」や「カリキュラム・マネジメント」ということが広く言われていない時代で、同僚と試行錯誤しながらカリキュラムや授業内容、評価方法を開発する毎日でした。年上の先生方は我々若手の挑戦を温かく見守ってくださり、さまざまな年代・教科の先生と新しくつくった教材について議論を交わし、授業づくりに勤みました。この経験が、正解のない課題に挑む姿勢と、新しいことに挑戦する自信を与えてくれました。

　そして、大学院での仲間との出会いは、今も私の学びを支えています。修士課程はニュージーランドに留学し、さまざまな国や年代の仲間と授業を共にしました。なかでも、オランダ出身の50代男性とタイ出身の20代女性とは図

書館で授業の課題や研究内容について議論をしました。一人で悩んでいたことも二人と共有すれば良いアイディアが浮かび、collective knowledge（集合知）の力を実感しました。また、一人ではやる気が出ない時にも図書館に集まって、collective motivation（集合的意欲）を合言葉に勉強に励みました。しかし、二人が先に帰国し、私は日本に一時帰国中にコロナ禍でニュージーランドに戻れなくなると、一気に孤独になりました。幸い、指導教授からオンラインで指導を受け、論文を提出することができましたが、何度も心が折れそうになりました。

その後、日本で博士課程に入学し、リモート中心で研究を続けていますが、コロナ禍を乗り越えた今だからこそ、年に数回でもゼミの仲間に会えることのありがたさを感じています。私にとって共に学び合える仲間がいることはなによりも大切なことで、今後学んでいく上でも欠かせないことです。

結びに代えて

こうして振り返ってみると、人との出会いが教師としての私、人としての私を形作ってきたことを痛感します。どの出会いも私の学びになり、どう生きていくのかということを考えるきっかけになりました。教わることの多かった人生ですが、次はその学びを還元できる自分になりたいと切に願っています。大好きだった教職を今は離れ、生徒が自己肯定感を持てるような評価を研究する道を選びましたが、これからも出会った方々から学び、そして私の学んだことをお伝えできる人間になっていきたいと思います。

読者の皆様には、今までどのような出会いがあったでしょうか？　どのような学びがあったでしょうか？　どこかでお会いする機会がありましたら、ぜひ教えてください。

おおひら・ゆうこ　大阪の公立高校と東京の私立中高で英語科教諭として勤務後、ニュージーランドの大学院で教育学修士号を取得。帰国後、オンラインエッセイ採点官、大学助教、技術補佐員を経て、大学院で教育評価の研究中。愛知在住。

ワークライフバランスを追求し続ける教員人生の歩み

山ノ内麻美

新渡戸文化小学校 教育デザイナー(英語専科)

　私は今年で教員歴14年目を迎えますが、これまでの指導対象は小学生から60代以上と多岐にわたります。現在は、私立小学校にフルタイムで勤務していますが、これまでの勤務先は、小学校、中高一貫校、大学、そしてコミュニティスクールなどで、勤務体制もフルタイムで1校のみで働くスタイルから、フルタイムに加えて副業で大学の非常勤講師を兼任したり、非常勤で働きながら大学院に通ったり、はたまた、非常勤講師を複数校掛け持ちしたりと、振り返ると自分でも稀有なキャリアを歩んできたように思います。

　これまでの歩みは、自分自身でも全く想定していなかったことの連続ですが、なぜこのようなキャリアに至ったかというと、自分にとって最適なワークライフバランスを常に試行錯誤して、調整していった結果です。私が求めてきたことは、①試験対策に終わらない、実用的な生きた英語の授業実践、②勉強や研究をするための時間と家族との時間の確保、そして、③経済的に独立して生活できるレベルを保つことです。これらのことが高望みとは思いませんが、私がこれまで経験してきた日本の教育現場は、この3つの全てを叶えることが難しく、どれかを諦めざるを得なかったというのが正直なところでした。

　故に、私はその時々のライフステージに合わせて、働き方を自分で調整する生き方を選んできました。それぞれのフェーズごとに、キャリアの変移を振り返っていきたいと思います。

フェーズ1:専任教諭で中高一貫校に勤める

　1校目は、新卒で入職した私立中高一貫校でした。最初は、理想の英語の授業を実現することを目標に、日々目の前の生徒と向き合えることに幸せを感じていました。しかし、担任業務、部活指導、そして校務分掌と任される仕事が増えるにつれて、一番やりたかった授業研究や準備が追いつかなくなり、毎日遅くまで残業することが常態化してしまいました。週末も部活が入り、たまの休日も身体を休めることしかできませんでした。また、担当する学年が上がる

につれて、授業内容も試験対策が求められ、このままでは自分の専門性が磨かれないと危機感を抱き、3年で区切りをつけました。

フェーズ2：非常勤講師で小学校に勤めつつ、社会人教員養成コースで小学校の教員免許を取得する

2校目は私立小学校でした。初任校を辞めた時は、燃え尽きを感じていました。一旦、学校現場を離れたいと思い、全く教育と関係のない専門学校に通った時もありました。しかし、やはり英語教育に携わりたいという思いが再燃しました。

児童英語教育は、大学時代に最も興味を惹きつけられた分野で、私自身小学生から英語を学習したことに恩恵を感じており、いつかこの分野に携わりたいという思いがありました。

実際に、小学校英語に携わってみると、初等教育について何も知らないことに気づかされました。中学生とは全く異なる発達段階で、指導内容や指導方法も分からず、声のかけ方さえ、これまでの経験が通じず、焦りました。もっと小学生のことを知りたいという一心で、小学校の教員免許を取得するために、社会人教員養成講座に通うことにしました。

非常勤講師という働き方は、思う存分授業研究に没頭することができ、また空いた時間でインプットもできます。私は、インプットが教員として成長し続ける上で必要不可欠だと感じます。教員は、日々アウトプットが求められるため、引き出しの多さが大切になってきます。同じことを伝えるにしても、学習者に合わせて指導方法を変えた方がうまくいくことがあります。そのような知識や技術を日々アップデートしていくことで、より多くの学習者に合わせたアプローチができると感じます。そのためにも、インプットをするための体力と時間が必須です。非常勤講師は、担当する授業以外に業務がないことが一般的なため、時間に余裕が生まれます。

フェーズ3：専任教諭で私立小学校に勤める

無事小学校免許を取得することができ、同じ小学校に専任教諭として勤めることにしました。心機一転、小学校英語と真剣に向き合ってみる経験を積みたかったからです。

私が感じる専任教諭の最大のやり甲斐は、学習者との信頼関係の構築のしやすさにあると思います。日々接する機会があるからこそ、相手のことをよく知

ることができ、それによって授業の内容やアプローチをより彼らにあったスタイルに調整することができ、充実した授業デザインに繋がります。また、同じことが他の教員との信頼構築にもいえるので、学習者の理解を深めるために他の教員に相談し、彼らの特性をつかむことで、自分の目指す理想の授業像へ近づくことができます。

フェーズ4：大学院へ通うため、同じ小学校で再び非常勤講師になる

　小学生の特性を日々現場で体得しながら、前任の英語教員の見よう見まねで授業をし、児童英語の書籍やワークショップを漁って、どうにか1年生から6年生までの授業を行うことができるようになりました。しかし、そのやり方はそれぞれの実践者が体験的に会得したもので、指導法があまりにも多岐にわたっていたため、次第にその背景にある理論を知る必要性を感じるようになりました。

　どのように学ぶかを考えた際、これまで選択肢に上がってこなかった大学院に通うということを考えるようになりました。30代を目前にして、このあとの自分のキャリアを考えた際、一学校の教員として実践を積むだけでなく、自分の経験が日本の英語教育の底上げに繋がってほしいと願うようになりました。

　日本の小学校英語は2020年に必修化されたばかりでまだ日が浅く、また、公立小学校は担任の先生が全教科教えることが多いので、これまで全く英語に触れてこなかった先生も英語を教えるケースがあります。そのような、困っている先生方の力になりたいという次の目標が見えてきたのです。

　一度なった専任教諭という立場から、勉学に励むための体力と時間を確保するため、非常勤講師に戻ることにしました。また、生活をするためと、大学院で学んだ理論をすぐに実践できる場をもつために、働きながら学ぶ選択をしました。

フェーズ5：非常勤講師で小学校と大学を掛け持ち、副業を始める

　大学院に2年間通う中で、私はCLIL（Content and Language Integrated Learning 内容言語統合学習法）という新たなアプローチと出会いました。CLILとは、端的にいうと何かのテーマについて英語を使って学習するアプローチです。研究を進めるうちに、私もこの手法を実践してみたいという思いが湧いてきました。そこで、大学院を卒業したあと、新たな挑戦として、大学の授業でCLILの授業の実践を目指しました。ただ、私のもう一つの専門性である小学

校英語も継続したかったので、小学校と大学を非常勤講師で掛け持つ選択をしました。

　他にも、指導教授の紹介で、「教育新聞」での執筆、教科書の指導書執筆、英語教育中核教員養成講座や教員免許更新講座、コミュニティカレッジの講師など様々なジャンルのお仕事の依頼を受ける機会に恵まれました。教員対象の仕事では、実際に公立小学校で指導されている先生方とお話しする機会があり、大学院進学の当初の目的だった、日本の英語教育の向上に僅かばかり関わることができた実感を得られました。

フェーズ6（現在）：新渡戸文化小学校で専任教諭

　現在は、私立の新渡戸文化小学校に専任教諭として勤めて4年目になります。これまで様々な職場で多種多様な経験を積んできた私がなぜここにたどりついたか。それは子育てと仕事の両立という人生の次のフェーズを見据えた、長期的に働ける環境の模索の末、たどりついた答えでした。

　非常勤講師としての勤務スタイルの課題は、収入の低さと雇用や社会的信用の不安定さが挙げられると思います。私は子育てをすることを人生の第二の目標にしていたため、子どものことを考えると、非常勤講師の勤務スタイルは不安が残りました。

　しかし、その一方で専任教諭というスタイルが多忙を極めることをこれまでの経験上恐れていました。私が本校で勤務することを決意した背景には、学校として、まさに働き方改革に奮闘中で、そこに賭けてみようと思えたからです。改革の一つとして、本校では教員の副業制度が認められています。教員の世に開かれた職業であることの重要性を尊重し、多くの経験を積むことを後押しする制度があることにとても惹かれました。実際、私も1年目は小学校で勤務しながら、副業として大学で念願の児童英語教授法の授業を担当することができました。このようなオープンな風土は異動のない私立学校で長期的に働く上で重要だと感じます。

　教員という仕事は、これからの将来を担う学習者の育成というかけがえのない仕事だと信じています。私は、その時々のライフステージに合わせて、自分で働き方を調整していくことで充実した教員生活を歩んできました。今後は子育てとの両立という次の人生のフェーズに移行していくことに不安もありますが、引き続き、その時々のベストなバランスを追求していきたいと思います。

やまのうち・あさみ　2018年に上智大学大学院英語教授法コース修了後、CLILの研究実践に励む。『教育新聞』でCLILの連載「新たな英語学習のアプローチ～CLILの教育法を取り入れた授業実践～」を執筆。

「回り道」することが教員の幅を広げる

菅家万里江

元渋谷教育学園渋谷中学高等学校 英語科

　常に変わり続ける世の中に対応するために、教育改革や教師の働き方改善など多様な取り組みが行われる中、「教師としてどのように生きていくべきか」が問われる時代になってきていると感じています。私も現職時代はより良い教師を目指して試行錯誤を続けてきましたが、教員・民間企業・海外と異なる環境を経る中で、教育のさまざまな側面に触れることとなりました。ここでは、私の経験や、台湾・アメリカの教育事情と共に、これからの時代を生き抜くための教師の在り方について、私なりの考えを述べさせていただきたいと思います。

進学校教員からEdTechスタートアップまで

　私はこれまでの人生を通して、さまざまな教育現場の実態に接する機会に恵まれ、教育の奥深さを実感してきました。例えば、渋谷教育学園渋谷中学高等学校で英語科教員として勤務していた時は、文科省のSGH（Super Global High School）プロジェクトや国際部の仕事、模擬国連部の指導を通して国内外のトップ校の先進的な取り組みや熱意に溢れる先生方から、大いに刺激を受けました。プログラミングスクールを運営する企業で教員向けのプログラミングキャンプに関わった時は、新しいテクノロジーの面白さや企業カルチャーの斬新さに感動し、EdTechスタートアップで営業・CS業務に携わった際は、廃校が決定した学校で、それでもより良い教育を提供しようと模索する先生方の熱意に触れ、心を動かされました。

　そうした経験の一つひとつが「教師としてどう生きるべきか」という自分の価値観を大きく揺さぶったように感じています。そして、台湾・アメリカの2カ国に移住したことも、私の教育観に大きく影響を与えることになりました。

台湾・アメリカの教育を目の当たりにして

　2018年より、夫の転勤に伴い、家族で台湾に移住しました。そこで目にしたのは、日本よりも激しい「教育競争」の姿です。小さい頃からたくさん習い事をするのは当たり前、放課後は「補習班」と呼ばれる塾に通い、夜まで大量の宿題をこなします。親の教育熱は高く、良い学校に入れるために、実際の住居とは別にその学区に家を購入したり、子供に「正しい」英語を身につけさせるため、公立校から私立、そしてアメリカンスクールへと、小学校のうちに三度転校させた友人もいました。また、高校や大学時代からイギリス、アメリカ、ニュージーランドの教育機関に正規入学し、ほぼネイティブ並みの英語力を身につけている友人も多かったです。ある日街中で、バイクで子供を送迎する親の背中にアルファベットの表が貼ってあって、子供がそれを使って学んでいる姿を見たことがありますが、親が子供にかける期待の大きさは日本とは比べものにならないほどでした。

　その一方で台湾は、「実験校」の設立も非常に活発です。コロナ禍にデジタル担当大臣として政治をリードしたオードリー・タン（唐鳳）が、天才であるがゆえに普通の教育に馴染めなかったことも後押しして、台湾では国を挙げて教育の多様化が進んでいます。オルタナティブスクールの設立が始まったのは1990年代からですが、2014年に「実験教育3法」が成立し、「公立」の枠組みの中で自由な学校をつくれるようになりました。その結果、2018年までに小学校から高校まで74校の実験校が設立され、2019年には自治体がつくれる実験校の上限が公立校全体の15％に引き上げられるなど、国による教育改革が進んでいます。

　台湾に住んでいると肌身に感じることですが、定期的に中国の偵察機による領空侵犯があったり、非常事態を知らせる政府からのアラートが夜中に届いたりと、中国の脅威は身近です。そのため、台湾では日本以上に人材育成に力を入れており、「教育が自国の資源となる」という気合いが感じられます。一般の保護者の教育熱が高いのも、こうした背景があるのではないかと思いました。日本にいた時は進学校に勤務していて、その意味で教育における競争の激しさには慣れているつもりでしたが、台湾に行ったことで、また違った教育の一面を知ることになりました。

　ところ変わって、私が2022年に移住したアメリカは、激しい格差社会です。良い学校は驚くほど施設やカリキュラムが充実していて、逆に予算の回らない

貧しい学区の公立校では、給料で生活を賄えない教員がアルバイトをするなど、天と地ほどの差があります。

　幸い、我が家は周囲からの支援もあって、イェール大学のキャンパスに併設された幼稚園に子供を入園させることができましたが、そこの教育の質の高さには、常々驚かされています。大学から補助が出ることもあって、生徒の保護者にはイェール大学の勤務者・ポスドク・大学院生などが多く、アジア系3割、白人4割、その他3割と言った非常にダイバーシティに溢れた環境です。学校を運営しているのは、全米395カ所の保育施設を経営する Bright Horizon という民間企業で、教育の質の高さはもちろんのこと、先生の働きやすさの確保も徹底されていました。Fortune 誌が選ぶ「Best 100 Companies to Work For（働きやすい100の企業）」や Forbes 誌の「America's Best Employers for Women（女性が働きやすい職場）」などのランキングに名を連ね、教員のワークライフバランスの充実、スタッフ同士のサポートも徹底されているようでした。いつ子供を送迎しても、先生やスタッフが笑顔で迎えてくれ、我が子のように自分の子供の成長を楽しく語ってくれるのは、親としてとてもありがたいかぎりです。

　Bright Horizon の教育でいくつか驚かされたことがあるので、ご紹介しましょう。まず羨ましいと思ったのは、徹底的にペーパーレスが進められており、出欠管理や連絡事項は全てアプリを通して行われる点です。その日1日の子供の様子が、写真と先生のコメント付きでアプリで確認でき、子供が病気や休暇で欠席する際は、アプリで連絡が完結。連絡帳の記入や捺印は一切必要ありません。備品の用意やスクールイベントなどの連絡事項も、アプリからリマインダー通知が届くので、忘れることも少なく、教員も手元の iPad から一斉に送れるので手間が少なくて便利だと言っていました。こうした「先生じゃなくてもできること」を徹底的にデジタル化する仕組みは、私も教員時代に欲しかったなと思いました。

　さらに驚かされたのは、学期ごとに詳細な評価レポートが送られてくることです。まだ4歳と2歳の娘にも、パワーポイント10ページ以上の Developmental Portfolio（発達ポートフォリオ）が発行されます。レポートは「Physical Development（身体的発達）」「Social and Emotional Development（社会性や情緒的発達）」「Linguistic（コミュニケーション能力や読み書きの能力）」「Cognitive Development（認知の仕方）」「Approaches to Learning（学習への向き合い方）」という5つの領域から評価されていて、自分の子供がそれぞれどの段階にいて、次の段階でどのような発達が見られるようになるか（も

しくは目指しているか）が写真と共に、詳細なルーブリックで説明されています。このレポートをもとに、担当教員と保護者面談を行うことで、自分の子供の成長を客観的に理解し、家と学校とでどのような対応をとるべきかが分かるので、親としても元教師としても目から鱗が落ちる経験でした。レポートは子供一人ひとりに対応した内容になっていますが、一方で、ある程度レポート作成システムを使って書かれている部分もあり、詳細なレポートながら、教員の負荷軽減が考慮されているところも興味深かったです。

まとめ——「回り道」をすることの大切さ

　このように、まだ２カ国しか居住をしていないものの、教育というものを新たな視点で見る機会に多く恵まれました。渋谷教育学園渋谷中学高等学校で勤務していた時には、生徒の指導やカリキュラムづくりなど、必死で頭を悩ませていたものですが、校舎を一歩出るだけで、同じ「教育」という分野にもさまざまな広がりがあると気付かされます。その意味で、教職を離れてから、教師という仕事に一層興味を持つようになりました。

　ロンドンビジネススクール教授のリンダ・グラットンは『ライフ・シフト：100年時代の人生戦略』（東洋経済新報社）の中で、一般人でも100年以上生きるのが当たり前になる時代の到来を予言した上で、「生涯を通じて『変身』を続ける覚悟が問われる」と述べ、バックグラウンドの異なる多様な人とネットワークをつくったり、ルーチン・バスティング（型にはまった行動を打破する）をしながら、自らを再創造し続ける必要性を説いています。教師の世界はまだまだ「一度教師になったら定年まで勤め上げる」という気風が強いですが、これから「人生100年時代」を生きる生徒たちのためにも、教師自身がいろんな意味で職場を離れて「回遊」し、さまざまな価値観に触れる必要があるのではないかと感じています。そうすることで、視野が広がり、自分が抱えていた悩みを客観視して、新たな思いで教職に向き合えるようになるのではと思っています。もちろん、教員は多忙で、家庭がある方にとっては簡単に職業を変えたり、就業以外で時間をとるのも難しいとは思います。ですが、一歩自分の職場を出てみると、教師になった時の初心を思い出させてくれるような出会いがあると私は経験的に感じています。

　「これからの教師の在り方」として「回遊する教師像」というものを選択肢の一つにしてみてはいかがでしょうか。

かんけ・まりえ　1986年生まれ。慶應義塾大学文学部・大学院卒。2012〜2018年、渋谷教育学園渋谷中学高等学校にて英語科教員として勤務し、国際部・模擬国連部などを担当する。同校退職後、台湾に移住。現在アメリカ東海岸在住。

トビタテ! 先生

伊藤健志

立命館アジア太平洋大学（APU）東京オフィス

1. 世界100ヵ国・地域の学生と働く

　　2000年4月に大分県別府市に開学した立命館アジア太平洋大学、通称APU。開学して23年、在学生を入れると過去166ヵ国・地域から約28,000人の学生がこの地で学んできた。2023年11月現在、世界100ヵ国・地域の学生が在籍する。国内大学も、大学院では留学生比率が上がっているが、学生の約半数が正規課程（交換ではなく、学位取得目的）の留学生で、その96%が学部生という大学は、世界にもほぼ存在しない。大学院生のように2年間を専門の研究に没頭するのではなく、多感で柔軟な学部の4年間を、多様なエスニシティを持つ学生達と相互に学び合う。必然的に毎日が世界大交流大会である。実は日本は、世界でも最も留学生が学びやすい国の一つである。日本は、宗教や人種問題が暴力につながることは稀で、世間と他人の目に常に守られている。また、英語は単なる共通理解の手段なので、欧米の留学のように、言語能力で委縮することもない。自己開示が自らや家族の生命を危機に晒し、場合によっては公権力による人権侵害に怯える国は実は数多い。今や専制主義の国のほうが、民主国家の数を超えている現状は、周知のとおりである。

　　学生は、日本人を含めほぼ全員が最初の1年間寮生活を経験する。授業でもそれ以外でも学生間の「対話」がすすむ仕掛けが随所に埋め込まれているのが、カリキュラムの特徴である。多文化・多国籍環境は、誰もが自己開示をしやすい心理的安全性を担保する。世界の隅々で起こることは、友人の日常であり、発言には思慮深さと共感力、そして、当該国周辺の正確な知識が不可欠だ。今まで当然と思っていた価値観やそれをベースとした「事実」を疑うことから「知ろうとすること」が始まる。地域紛争の続発やネットによる人々の分断など、地球は大荒れだが、少しでも平和な世界を築くべく、この若者のつくる「国連」をしっかり維持していくことが我々教職員のミッションである。

2. 世界からやってくる学生達に学ぶこと

　日々の交流や対話は、学生達の世界観や価値観を大きく揺らす。対話により、地理や歴史、宗教、経済など今まで学んだつもりの知識が、一気に活きた教養として統合される。学びはそこから始まる。私自身、APU入職後20年を経過した今でも、学生や卒業生達との対話は、自分が世界事情にいかに疎く、一面的な世界観に囚われているかを気付かせてくれる。

　世界の変化の実態を最も実感するのは、留学生の入試面接業務である。GDP3−6％程度のリニアな成長曲線でも、「人材力」カーブはエクスポネンシャル（指数関数的）となることを、受験生達との対話で日々実感する。APUの留学生は、英語力の証明としてIELTSやTOEFLのスコア提出が必須である。中間所得層が激増するアジア各国から提出されるIELTSの平均スコアは、6.5−7（英検1級レベル）で、ほとんどの国が文理選択のない高卒認定試験を課しているので、英語力の高い学生達はその他の教科学力も高い。日本の高度経済成長時代がそうであったように、アジアの学生は失敗を恐れて佇むより、一歩踏み出すことに何の躊躇もない。ここ3年間アジア諸地域に行っていないのであれば、その地はすでに別の社会構造で、人々の考え方や人生観、仕事観も根っこから変わっていると思っていたほうが賢明だろう。1980年代に日本に買われる立場に気付いたアメリカの狼狽を、今度は日本がアジアに対して経験しつつある。今の日本の学生達は親世代を含めて、経済成長というものを一度も実感したことがなく、日本と世界の時代観には大きなギャップが生じつつある。

　異文化との対話から得られる最大の学びは、教えられることよりも、実は「問われる」ことにある。ある日、トンガ出身の留学生と高校でのセミナーに向かう時に、東京駅のホームで、電車に駆け込むビジネスマンを見て彼がつくづく、「かわいそうですねー。次の電車5分後に来ますよね？」「いやいや、この少しでも時間を切り詰めようとすることこそが日本の高い生産性を支えてるんだよ」などと私。次に彼から、「でも、それで幸せですか？」私「……」。

　まず、私の生産性の話はまったくの思い込みである。日本の時間当たりの労働生産性はOECD加盟38ヵ国中27位（2021年）で、平均を下回っている。その後の講演で彼はコロナ禍のトンガの様子を話してくれた。人口10万人足らずの小国で、他国との接触をほぼ断っていながら、食料自給にはまったく問題がなく、とても平和で豊かな生活を送っているという。日本で今問題となっている人口減少＝国力の衰退は本当か、人が幸せに暮らす人口規模とは？

well-beingとは？など様々なことを考えさせられた。

　高校生の探究学習で「問い」が出ないのは無理もない。「問われない」からだ。APUには、年間相当数の高校生が学年単位やグループで訪れる。英語研修もいいが、お薦めはテーマを決めて、様々な文化圏の学生から彼らの見方を聞くこと、あとは雑談だ。自分の名前をシンハラ語（スリランカ）で書いてもらっただけで、文字文化の国境線にのめりこむ高校生もいる。交流が新たな問いや好奇心につながれば本望である。生徒さんのみならず、先生方にも是非お越しいただき、学生達とじっくり話していただきたい。歴史、地理、社会の先生は特に目から鱗が落ちまくること請け合いだ。

　現在のPR業務では、中高生対象のセミナーに招かれることも多い。世界と共に学ぶのであれば、高校時代に何に注力すべきか？　そんな時も英語力に関する質問が多いが、あくまで英語はツールの一つにすぎない。みんなが違う母語を持つ多国籍グループによる対話の場で必須とされるリテラシーは、英語よりも、データ主義、論理性、推論と証明（数学）であり、読解力や批判的思考力（国語）、生きるものの森羅万象を読み解く力（理科）、地理や歴史・宗教の知識（地歴公民）、何より重要な私らしさの表現（芸術）などであり、高校時代に学ぶ全ての科目は、世界とわかり合うための必須科目なのである。今の受験制度は完全に制度疲労を起こしており、高校現場と大学はもっと対話の場を増やしていくべきである。人生100年とは言いながら、現役合格や新卒一括採用に大きな変化はない。知識基盤社会には、学校と社会を柔軟に行き来する必要があり、そのためには、日本社会全体を巻き込んだ大議論が必要である。

3.　日本にいるだけでは、世界のことはわからない

　強い「暗黙知」の中で生きている私達は、私達の当たり前の外への想像力はやはり弱い。なぜ5分前集合なのか？　燃えないゴミとは何？　すでに神に悔いたのに、なぜあなたに反省文を出す必要があるのか？　などなど、次々に想定外の問いを突き付けられる。「ここは日本だから！」という常套句でシャッターを降ろしてしまうことはAPUでは何の解決にもならないどころか、多様性の良さを全て否定してしまうことになる。正解はないが、自分の頭で考えて次のアクションを取らざるを得ない毎日は、学生達の学ぶ力を大きく育てていく。

　今あらためて世界地図を見てみると、宗教や民族に起因する問題を日常的にかかえていたり、複数の国と陸地で国境を接しながら日々関係調整を迫られる

国々のほうがはるかに多い。同じ国出身でも、民族や育った時代によっても考え方は大きく異なる。海に浮かんだ経済大国に生きる私達だけが、どんなに集まってもやはり世界のことはわからない。

　国境を軽く超えてキャリアを築いていく留学生達と混ざれば、日本人も「寄らば大樹」のキャリア感から、自分で未来を選ぶ人生にシフトする。これはAPUだけの現象ではなく、今の大学生に終身雇用への期待はもうない。自分自身でキャリアを選択し続けるには、変化に応じて学び続けるしかない。学習歴で今増加しつつあるものが、マイクロクレデンシャル（Micro-credentials）、すなわち学位ではなく、大学や企業団体などが提供する短期間の専門コースを修了するもので、キャリアでは学習歴が学歴以上に重視される方向に動いている。

　AIが将来の仕事を奪う、日本の地位低下などがニュースになる時代に、子供達の持つ未来への展望は決して明るくない。確かに経済規模（GDP）では、日本はアジアのいくつかの国に抜かれていくことが確実である。ただ、そんな無意味なことにいつまで一喜一憂するのだろう。アジアは今後も当面は地球の成長を牽引する地域であり、幸いなことに我々は日本人であると共に、アジア人である。アジア諸国・地域との関係を「競争」から「共創」へ意識を転換するだけで未来は希望に溢れる。子供たちにはこれからは、単に選択肢が多様になり、地球市民として求められる役割が変わっていくだけだと言ってあげよう。変えていくべきものは、我々世代自身の発想である。

4.　学び続ける背中を見せる

　大量生産、大量消費に乗って未曾有の経済発展を経験した日本は、国際的にもキャッチアップする立場からされる立場となった。今や、時間に追われ、余裕のない日常のみが当時のレガシーとして継承されている。生成AIなどをフル活用して、日常にゆとりと余白の時間を持ち、学ぶ時間を創出していきたいものだ。先代APU学長の出口治明さんの書籍には、人が賢くなるには、「人・本・旅」というフレーズがよく出る。多くの人に会って、本の世界にのめりこみ、旅に出て日常から飛び出そうというものである。教員不足の現場で何をのんきなと言われるかもしれないが、子供達の前に立つ身近な大人として、我々教職員こそが時間から解放されて、学び続ける姿勢を見せるべきではないか。文科省の「トビタテ！留学JAPAN」で、生徒達は飛び立っている。

　次は、我々の番だ。トビタテ！先生。

いとう・けんじ　開学2年目（2002年）のAPUに入職。交換留学コーディネーター、学生募集、学長室などの勤務を経て、現在東京オフィスでPRオフィサー。

保育現場で感じる私のbeing

菊地奈津美

こどもの王国保育園西池袋園 園長／保育ドリプラ代表／保育士YouTuber

beingを感じ取るアンテナ

「私、子どもに好かれるんですよ」。あなたの周りにもそうおっしゃる方がいるのではないだろうか？　実際に、保育園にボランティアや見学に来てくれる人の様子を見ていると、可愛くて優しそうなお姉さんでも、緊張している様子だと子どもたちはあまり寄っていかず、逆に一見怖がらせそうな体の大きいおじさまでも、子どもたちとすぐに気持ちを通わせて、気がついたら子どもたちによじ登られているような人がいる。かたわらから見ると理由はわからないが、なぜか好かれる人もいれば、なぜか好かれない人もいる。子どもたちには、何か嗅覚のようなものが働いているのだろうか？なんて思わされる。

考えてみれば、生まれてすぐは全く言葉がわからない状態で過ごしているはずの子どもたち。しかし、どんな話をしているのかはわからなくとも、コミュニケーションを取り、信頼関係を築き、大人に命をも委ねて生きていくのである。きっとこの人は安心できる、この人は信頼できる、または近づかないほうが良い……、その人の雰囲気や醸し出す「何か」を感じ取るアンテナが高いのは当然のことなのかもしれない。

考えてもみてほしい。言葉の通じない国に一人放り込まれたら、あなたは何を感じるだろうか。どう行動するだろうか。周りにいる人がなんと言っているのかと、言葉を聞こうとするだろうか？　きっとその人の表情、雰囲気、醸し出す空気を敏感に感じ取ろうとし、この人は信じても大丈夫そうか？　そんなアンテナがピンと張ることは間違いないだろう。その人が地位のある人だとかお金持ちなんていうことは、あまり関係がない。それはまさに "doing" ではなく、人としての "being" を感じ取るアンテナなのである。

大人になるにつれて言葉でのやりとりが多くなったり、経験によって判断ができるようになったり、相手の立場を考えて忖度するようになったりすると、そのアンテナはだんだんと弱まっていくように思う。しかし、子どもたちは、

少なくとも我々よりも鋭いアンテナを持っていることを忘れてはならない。保育園児はもちろん、小学生も中学生も、高校生や大学生だって、我々よりはよっぽど鋭いアンテナを持っているのだと私は思う。思えば私が高校生の頃、大人に忖度することはなかった。東京大学の附属学校で青春時代を過ごした私の周りには、今思えば権威のある先生方がいたのだろうと思われる。しかし授業をしている先生が有名なのか、素晴らしい研究者なのかはあまり重要ではなかった。授業見学に来ているおじさんも、高校生の私から見ればただのおじさんであり、怖そうで嫌だな、優しそうな人だな、くらいにしか思っていなかった。情熱をもって授業をしている先生であれば慕ったし、そうでなければ慕わなかった。それだけである。私にもそんな忖度しないbeingを感じるアンテナがあったはずなのに、いつの間にやら大人になってなくしてしまったようだ。さて、そんなアンテナが敏感な子どもたちと日々過ごす保育園では、こちらの「在り方」を意識させられる場面がたくさんあるので紹介しよう。

背中を見ている子どもたち

　保育園では、ザリガニやカブトムシ等の生き物を飼ったり、野菜を育てたりする活動を行うことがある。動植物に親しみを持ったり、自然の不思議、命の尊さを感じたりしてほしいという願いをもって行う活動だが、子どもたちはある時には動植物に興味をもって関わり、ある時には関心を持たない。何が影響するかといえば保育者の在り方である。どんなに言葉で「命を大切に」などと言って、ある程度の世話をしていたとしても、動植物を可愛がる様子がなく関心を向けていなければ、子どもたちも同じような態度を取る。逆に保育者がそんなにきちんと世話ができていなかったとしても、嬉しそうに餌をやり、大きくなったかな?と眺めていると、子どもたちも寄ってきて一緒になって餌をやったり眺めたりする。子どもは言葉ではなく「背中」を見ているのだ。同じようなことは他の場面でもよく起こる。

　何かがうまくできずに困っている子に、「早くやりなさい」「そのくらい頑張りなさい」という声をかける保育者のクラスの子どもたちは、友達が困っていても助けようとはしない。「先生、あの子まだお支度していないよ」等と告げ口に来る子が出てきたりする。「大丈夫かな?」「困っていたら助けるよ」と声をかける保育者のクラスの子どもは、うまくできずに困っている子を置き去りにはせず声をかける。「手伝ってあげるよ」と言って自分の支度を終わらせる

前に手伝いを進んでしてくれる姿も見られる。怒って言うことを聞かせようとするクラスの子どもは、友達に対して怒って問題を解決しようとするし、「どうしたの?」と声をかける保育者のクラスの子どもは、拙い言葉だったとしても対話をしようとするのである。「怒らないで話し合いなさい」と子どもたちに怒る保育者がたまにいる。怒る前に自分の振る舞いを変えなくてはならない。子どもたちが自分の背中を見ていることに気づかなくてはいけないのである。

先生、この絵本好きなんだよね

　保育園では、子どもたちに絵本を読んで聞かせる場面がよくある。私が新人保育士として3歳児を担任した時、自身が小さい頃によく読んだ『しろいうさぎとくろいうさぎ』という絵本を読んだことがあった。「奈津美先生ね、この絵本大好きだったんだよね〜」なんて言いながら、子どもたちも好きになってくれたらいいなとドキドキしながら読み始めると、子どもたちはいつも以上に集中して聴いてくれた。自分が好きだった絵本を子どもたちが真剣な表情で聴いてくれて、嬉しかったことをよく覚えている。

　自分が好きな絵本や、図書館で借りてきたり新しく買ってきたりした「とっておきの絵本」を読む時には、同じように子どもたちはよく聴いてくれる。絵本の内容が面白いということもあるだろうが、きっと読み手のワクワク感、大好きな気持ちが伝わるのだろう。好きなことや自信があることをする時には、自然な笑顔が出るし、自分も楽しんでやっているとその雰囲気が滲みでる。そんな滲みでる「何か」を子どもたちはキャッチしているのだろう。そして、大人の感情は子どもにも伝染していくのである。

　安全管理、保育計画、保育準備……、保育をしていると色々と考えなくてはいけないことも多く、保育室で難しい顔をしている保育者もいるかもしれない。なかなか思い通りには動いてくれない子どもたちに対してイライラしてしまう保育者もいるかもしれない。しかし、そんな保育者の醸し出す「何か」は、子どもに伝染していることだろう。

　私たち大人であっても、ピリピリした空気を出している人よりは、楽しそうに、幸せそうに生きている人と一緒にいたいと思う人が大半だろう。beingを感じ取るアンテナが高い子どもたちにとっては、なおさら重要なのである。生き生きとしている保育者と一緒に過ごしている子どもたちのほうが、のびの

びと生き、幸せに過ごしているというのは、言うまでもない。

保育は幅が広く、歌を歌ったり体を動かして遊んだり、折り紙や工作をしたり……。得意なことであれば良いが、苦手なことでも子どもたちの経験を保証していくという意味でやらなくてはいけないことがある。しかしそんな時にも、イヤイヤ取り組むのではなく、失敗を恐れずに挑戦してみよう、取り組んでみよう、そんな背中を見せられる保育者でありたいと私は思う。

子どもの「大好き」に恥じない生き方を

保育園では、子どもたちは保育者、特に毎日を共にする担任の保育者と深い信頼関係を築く。そして保育者は子どもたちにとって「大好きな人」となることが多い。「先生大好き」「先生と結婚したい」「先生のおうちに住みたい」「私も保育士になりたい」「先生みたいな大人になりたい」そんなことを言ってくれる子も多い。そんな時、私は、自分の生き方を問われるような気持ちになる。子どもたちに憧れられるような、大好きと言ってもらえるような生き方を、私はできているのだろうかと。

完璧な人になりたいという話ではない。保育者も人であるから、失敗もすれば、苦手なこともある。イライラして怒ってしまうこともあるかもしれないし、間違えてしまうことだってあるだろう。しかし、間違えた時はごめんねと言える人、苦手なことにも挑戦しようと意欲を持てる人、人にも仕事にも真摯に向き合える人、正直で誠実な人、自分のことを大切にできる人……。子どもたちの「大好き」の言葉に恥じないような生き方をしていきたいと思うのである。

きっとこれは簡単なことではない。私自身、子どもたちの「大好き」の言葉を、胸を張って受け取れるような生き方ができているかと言われれば、まだまだ人として足りないことが多いなと反省することばかりである。しかし、きっとこれからも、子どもたちの「大好き」の言葉は、私を律してくれるだろう。子どもたちの前に立つものとして、たくさん「大好き」と言ってもらえるものとして、その言葉に甘えず、「大好き」に恥じない生き方をしていける人で在りたい。敏感なbeingのアンテナを持ち、人の背中を見て育っていく子どもたちに、自信をもって背中を見せられるような人で在りたいと思うのである。

きくち・なつみ　1985年生まれ、東京都出身。公立保育園、認証保育園での勤務を経て、こどもの王国保育園を立ち上げ、園長に就任。キャリアアップ研修（乳児保育）講師や白鵬女子高校非常勤講師等も務めている。

Beingを耕すために

大野智久

三田国際学園高等学校 教諭 理科

DoingとBeing

　Doingとは「やり方」のことで、Beingとは「在り方」のことだとされます。ただ、これだけではよくわかりません。これをイメージするために、よくこんな話をしています。

　授業で「この教室では失敗してもいい。むしろ、失敗をたくさん経験して欲しい」という語りをしたとする。その後、生徒が明らかな失敗をしたことに気がついた。このとき、「あー、失敗しちゃったかぁ……」と思ってしまったら、それは言葉にしなくても、自分の態度に「滲み出て」しまう。理念としては「失敗はよし」とし、「失敗してもよい」と語っていたとしても「失敗は極力して欲しくない」という内心が滲み出てしまう。それが教員の「在り方」そのもの。

　優れた「やり方」を真似しても、「在り方」がそこに通じていなければ、それはすぐに生徒に見抜かれてしまいますし、短期的に機能したとしても長期的には破綻してしまいます。それを、「やり方」のせいにしてしまいたくなるものですが、実際には「在り方」の方がより根本的で大きな要因になっています。ですから、より良い教育を考えるためには。方法（＝Doing）だけではなく、在り方（＝Being）を考えることが極めて重要なのです。

　Beingは授業にどのように影響するのでしょうか。授業見学を考えてみるとよいでしょう。一般に、授業見学は教室の後ろから入って、教師がどんな授業を展開するかを見ることが多いと思いますが、学習者中心という視点からは、「前から生徒を見る」ことも重要です。学習者の学びの姿からは、授業者のDoingだけでなく、授業者のBeingも感じることができます。その教師が、どのような学びの場をつくっていきたいのか、それが生徒たちの表情や仕草に

現れます。

　教室に入った瞬間に感じる雰囲気にも、教師のBeingが現れています。1時間の授業をすべて見学せずとも、ほんの数分その場にいるだけで、Beingは感じられるものです。授業技術など、Doingの視点では改善の余地がある授業であっても、Beingの視点で素晴らしい授業であれば、生徒は授業に前向きに取り組み、成長することができるはずです。

ウェルビーイングとは何か

　近年「ウェルビーイング」という概念が注目されています。OECDは、ラーニング・コンパス2030の中で、個人のウェルビーイングと集団のウェルビーイングに向けた方向性を示しています。つまり、教育の目的は個人と集団のウェルビーイングの実現にあるということです。

　それでは、ウェルビーイングとは何でしょうか。OECDによる「PISA2015年国際報告書」では、「生徒が幸福で充実した人生を送るために必要な、心理的、認知的、社会的、身体的な働きと潜在能力である」と定義されています。また、アメリカのギャラップ社はウェルビーイングに不可欠な要素として5つの項目を挙げています。

　ウェルビーイングには様々な要素があると考えられますが、教師としてのウェルビーイングに関して、特に「キャリアウェルビーイング」と「フィジカルウェルビーイング」の2つについて、今考えていることを紹介させていただきます。

ウェルビーイングに不可欠な5つの要素

①**キャリアウェルビーイング**
　仕事に納得感を持っていて、日々の仕事を楽しんでいるか

②**ソーシャルウェルビーイング**
　生活の中で、他者と深い関わりや愛情を持つことができているか

③**ファイナンシャルウェルビーイング**
　支出や収入をうまく管理することにより、経済的に満足ができているか

④**フィジカルウェルビーイング**
　心と体が健康で、自分がしたいと思ったことをする十分なエネルギーがあるか

⑤**コミュニティウェルビーイング**
　地域とつながっていると感じられているか

Beingと求道者のマインド

　まずは、「キャリアウェルビーイング」についてです。教師という仕事においてのウェルビーイング、つまり、仕事がどのようなものであれば「幸福で充実した人生」になるのかということです。それを考えるために自分が大切にしているのが、「求道者（＝自分にとっての真理を求める人）」のマインドです。

　THE BOOMというバンドの「24時間の旅」という曲に、こんな歌詞があります。

　　今日も一日旅に出よう 24時間の旅に

　　もしもどこかにたどり着いたら そこから旅に出よう

　これが、求道者のマインドを端的に示したものだと感じています。求道者は、自分にとっての真理を求め続けます。そして、その過程に終わりはありません。「どこかにたどり着いた」としたら、そこからまた旅に出るのです。求道者には次々と新しい目的地が見えてきます。

　定年退職間近のある先生との対話で、「人生で一度も心の底から"満足した！"と言える授業をしていない。きっと一度もないまま終わるのだろう」という話を聞きました。この方は、ずっと求道者であり続けたのだなと感じました。

　自分にとって「良い教育とは何か」を、生涯を通じて探究し続け、昨日の自分よりほんの少しでもその真理に近づくことができたという実感がもてれば、教師という仕事を通じて自分の人生を幸福で充実したものにできるはずです。あるイベントで、「10年後にどうなっていたいか」という質問を受け、「今は想像もできないような自分になっていたい」と答えました。今想像ができてしまうような自分では面白くないなと思ったのです。死ぬまで「求道者」でありたいと思っていますし、それは自分のウェルビーイングにつながっています。

Beingとセルフコンパッション

　次に、「フィジカルウェルビーイング」についてです。心と体が健康であることが大切であるということですが、特に、「心」が元気でないと、何かをしようというエネルギーが湧いてきません。このことを痛感する経験がありました。

　昨年、「チームを考える学校」という8か月にわたる研修プログラムに参加していたのですが、当時の自分は、「心」が弱っており、色々なことを前向きに考えることができない状態にありました。「課題発見・課題解決」を目指すワーク

にはしんどさを感じてしまい、内容がとても良いものであるにも関わらず、なかなか前向きに取り組めず、そんな自分もまた嫌だなあと感じていました。

そんな中、終わりに近づいたある回で、「心地よくてホッとするもの」「幸せを感じること」「親切にしてくれた誰か」を考えるワークがありました。それらを考えていると、自分の心を温かくしてくれる様々な人・場面が思い出され、とても心地よかったことを覚えています。その回では、「セルフコンパッション」がテーマになっていました。これは、「他者を思いやるように、自分自身のことを大切に思う」ということであり、「自分で自分を抱きしめてあげる」感覚であるという説明がありました。この感覚は本当に大事だと感じます。

自分に何が足りないか、自分の教育活動において課題を見つけ、その課題に取り組みながら理想に近づいていくという営みは、求道者の在り方であり、先述したようにとても大事なことです。しかし同時に、自分のポジティブな面を考える時間を意識的につくり、今の自分ができていることにも目を向け、「自分で自分を抱きしめてあげる」ということも大事なことです。これらは教師としてのウェルビーイングにとって両輪となるものだと今あらためて感じています。

Beingを耕す

UNESCOが設置した21世紀教育国際委員会は、1996年に「学習：秘められた宝」という報告書を出しており、「学習の4本柱」が示されています。それは、①Learning to know ②Learning to do ③Learning to live together, Learning to live with other ④Learning to beの4つです。「知るための学び」「できるようになるための学び」「他者と共存するための学び」とは別に「在るための学び」が示されています。これを初めて見たときには驚きました。「Being」というものの重みを強く感じたからです。

ウェルビーイングのために、まずは自分も生徒も、心身ともに元気であることが大事です。その上で教師として「良い教育」とは何かを考え続け、挑戦し続けることが、自分自身のBeingを耕し、生徒のBeingを育むことにつながるのだと思います。

剣道の求道者である尊敬すべき友人から、「打って反省、打たれて感謝」という言葉を教えてもらい、いつも大切にしています。これからも、日々自分の真善美を探究し、Beingを耕し続けたいと思います。

おおの・ともひさ　都立高校に13年勤務した後、退職し現任校に着任。専門は理科（生物）であるが、中学1年から高校2年までの探究学習も担当している。東京生物教育研究会、日本生物教育会に所属。現行の学習指導要領の作成にも関わる。

吃音を抱える教師として

田中将省

鳥取城北高等学校 教諭 理科（物理）

1.　言葉が出ない

　私の話し方が他の人と違うことを自覚したのは小学校低学年の頃だった。話したいことが頭の中にあるのに、思うように言葉が出ない。私は幼少期から吃音を抱えている。

　吃音とは、言葉を流暢に話すことができない発話障害だ。症状は「こ、こ、こ、こんにちは」のように同じ音を繰り返してしまう「連発」、「こーーーんにちは」のように言葉を引き伸ばしてしまう「伸発」、言葉がブロックされて出てこない「難発」の３つに分けられる。幼少期の吃音は成人するまでに自然に治ることが多いが、私のように成人しても治らない人もいる。成人の吃音者は100人に１人の割合で存在すると言われており、症状の程度は人それぞれだ。吃音の有無は外見だけではわからず、症状が出ると奇異の目に晒されることもある。吃音の原因ははっきりとわかっておらず、治療法も確立されていない。

　私は小学２年生の頃から自身の吃音を意識するようになった。親しい人との会話で症状が出ることは少なかったが、授業中の発表や電話での会話のように、自分の言葉が注目される場面では、「難発」の症状でいつも言葉が出なかった。言葉が出なくなる時には前兆があり、「あ、どもりそう」という何とも言えない嫌な感覚がある。この感覚は「予期不安」と呼ばれており、これを感じると決まって身体がこわばり、吃音の症状が強く現れた。私は小学生の頃から国語の授業の音読が苦手だった。一人で教室に立たされて、言葉を絞り出そうと必死に力んでいる時間が、私にはとても長く感じられた。それでも、クラスメイトは私の吃音を意識することなく温かく接してくれたが、上級生に話し方をからかわれたことがきっかけで、人前で話すことが怖くなった。

2.　どうすれば伝わるか

　私は中高生の頃から「言い換え」をするようになった。例えば、「集まる」という言葉が出なければ、その場で「集合する」という表現に換える。言いやすくて同じ意味の言葉を瞬時に探すのは難しく、かなり集中力を使う。言い換えの欠点は、人名や地名などの固有名詞や「おはようございます」などの定型句には使えないことだ。どうしても言葉が出なければ、「えー」などのフィラー（つなぎ言葉）を使ったり、間をとったりして、話しやすいタイミングを計ることも覚えた。しかし、吃音の症状には波があり、季節や自身の体調によっても変化する。昨日まで話せた言葉が今日は出ないということもある。私は様々な工夫をしながら吃音を乗り越えようとしたが、成人しても吃音の克服には至らなかった。

　大学時代、教育実習の依頼のために出身高校に電話をかけたことがあった。ところが、第一声から言葉が出ずに何度も電話を切ってしまった。相手はしつこい間違い電話だと思ったに違いない。伝えたくても言葉が出ない自分が情けなくて、大学のキャンパスの隅に座って一人で泣いた。話すことで失敗するたびに、将来への不安は募るばかりだった。

　大学を卒業して大学院に進学した私は、企業との共同研究に挑戦した。研究成果を共有するための会議や学会など、これまで以上に何かを伝えなければならない場面が増えた。毎日が不安だったが、そのような環境に身を置くことで、「どうすれば伝わるか」を真剣に考えるようになったと思う。特にプレゼンテーションにはこだわって準備をするようになった。話すことに自信がないからこそ、説明はできる限り簡潔でわかりやすくすること、スライドは配色や配置を工夫して見やすくすることを心がけた。テープレコーダーに自分の声を録音しながら話す練習もした。それでも失敗ばかりだったが、大学院での経験を通して、人前に立つことに少し慣れたように思う。そして、「教師として理科の面白さを子どもたちに伝えたい」という思いは、私の中で強くなっていった。

3.　カミングアウト

　教師という仕事は話す場面が多い。それでもこの仕事を選んだのは、両親の影響が大きかったように思う。父は小学校に、母は高校に勤務していた。大学院の友人たちが研究者として企業に就職する中、私はあえて教師の道を選んだ。

高校の教師になって意外だったことは、授業では吃音があまり出なかったことだ。私は大学で専攻した物理を主に教えていたが、吃音の調子に波はあるものの、授業に集中すればするほど不思議と話しやすかった。それでも、教師の仕事はやはり過酷だった。電話での家庭連絡や集会でのスピーチ、校内放送、会議など、吃音者には難しい場面が多い。「うまく話さなければ」と発話を意識するほど、吃音は悪化する傾向がある。講演会や式典などの行事があると数日前から不安になり、夜眠れないこともあった。かしこまった場面は「ありがとうございます」などの定型句が多く特に苦手だった。それでも、教師として生徒たちと関わる時間は楽しく、毎日がやりがいに溢れていたが、吃音の不安が消えることはなかった。

　教師になって10年ほど経った頃、私は吃音を隠すことに疲れ果ててしまっていた。勤続年数が長くなったことで、責任ある立場で大勢を前に話す機会が増えたことが原因だった。「大事な場面で声が出なくなるのではないか」という不安で押し潰されそうになった時、吃音のある自分、ありのままの自分を受け入れなければ前に進めないと思い、職場で吃音のことをカミングアウトすることを決意した。特に仲が良かった同僚に打ち明けると、知らなかったと驚いていたが、親身になって話を聞いてくれた。家族以外に吃音について深く話すのは初めてだったが、どこかスッキリとした気持ちになった。幼少期から吃音に悩み続けてきた私が、「どもってもいいんだ」と思えた出来事だった。今では、話すことが難しそうな場面では、上司や同僚に伝えてサポートしてもらうこともある。話す場面で、「うまく話さなければ」と自分を追い詰めるのではなく、「伝えたい気持ちを大切にしよう」と思えるようになったことは大きな変化だった。

4.　私はどう在りたいか

　私は現在、学年主任と広報の仕事を担当している。学年主任になってから大勢の前で話す機会はさらに増えた。高校3年生の学年主任を務めた時には、卒業式で代表生徒の名前の読み上げと保護者への挨拶を任されたこともある。1000人以上が参列する大舞台で、自分らしく話せたことは今でも忘れられない。広報の担当としては、チラシづくりや動画づくりに加え、学校紹介のプレゼンテーションを任されている。各中学校で開かれる高校説明会や、本校で開かれるオープンスクールで、学校の特色や魅力を中学生やその保護者に伝える

仕事だ。今でも大勢を前に話すことはハードルが高いが、「うまく話さなければ」と思う気持ちを宥めながら、「伝えたい気持ちを大切にしよう」というマインドセットで言葉を紡いでいる。

　私は、鳥取県と島根県で吃音者の自助グループの運営にも携わっている。吃音という同じ悩みを抱える人同士が繋がる中で、「自分だけじゃない」と思えるような場づくりがしたい。そのような活動を通して、吃音に悩む人たちの力になれたらと思っている。私自身も、自助グループで吃音を抱えるたくさんの人たちと出会えたことで、「私はどう在りたいか」について考えるようになった。

　以前の私にとって、言葉が出るか出ないかが全てだった。誰かと話をしていても、吃音の不安で頭がいっぱいになり、相手と真剣に向き合えないこともあった。しかし、話せるか話せないかで、私という人間が決まるわけではない。吃音は、私を形作るたくさんの要素のうちのたった一つに過ぎない。私はそう思えるようになった。

　私の吃音はもう治らないと思っている。それでも、吃音による苦しみよりも幸せに目を向けたい。吃音があったから、伝えられる喜びに気づけた。同じ悩みを抱える人たちと出会えた。そして、自分自身と深く繋がることができた。私は一人の人間として悩みを抱えながら、自分自身と向き合い続ける姿を生徒たちに示していきたい。それは、自分自身に「私はどう在りたいか」を問い続けることだと思う。

5.　終わりに

　私は今でも話す場面で不安になることがある。そういう時は「うまく話さなければ」とつい思ってしまっているものだ。吃音とうまく付き合うためには、ゆっくり話すとか、脱力するなどの「動作」にばかり意識を向けてはいけない。それよりも「伝えたい気持ちを大切にしよう」とか「こんな人間でいたい」という「在り方」に目を向けることだ。話すという動作は非常に複雑で、意識するだけでは簡単に制御できるものではない。だからこそ、様々な動作を生み出している土台の部分、自分自身の在り方を意識しておくことが大切だと思う。それでも、緊張する場面では吃音をつい意識してしまうが、うまく話したいと思う自分を宥め、もう一度原点に立ち返ってみる。私は「伝えたい」を大切にしながら、吃音を抱えて生きていきたい。

たなか・まさみ　1981年生まれ。鳥取県出身。青山学院大学大学院理工学研究科を修了後、鳥取城北高等学校に勤務。プレゼン担当。吃音者の自助グループ「悠々鳥取吃音のつどい」「島根言友会」の運営にも携わる。

「なぜ学ぶのか」がある教室

梨子田 喬

西大和学園中学・高等学校 教諭 地理歴史科（世界史）

キャリアの転機に

　　昨年の春、20年間勤めた公立を辞めました。突然、思いもよらない行政職への異動を告げられ、ぽっかり穴が開いたように、急に自分のキャリアの先が見えなくなったからです。20年働いたところを辞めるのはなかなか勇気が必要です。さまざまな人に驚かれ、必ず「なぜ」と聞かれます。人を見ながら納得してもらえそうな言葉を探して返すような日々は、なかなかしんどいものがありました。

　　今まで「自分自身のキャリアの答えは当人の中にしかない」とか、「キャリアは自分で創造していくもの」とか、あれこれと教壇で理想を語りつつも、さて、自分自身はといえば人事異動という誰かが決めた抗えぬ力で動かされていきます。そんな理想とかけ離れた現実があり、そんな現実を思い知ったというのが飾らぬ本音のところです。

　　これまで志望理由書や探究活動などを通して生徒のキャリア実現に力を注いできました。生徒と将来のキャリアについて面談をしながら生徒の「将来やりたいこと」を一緒に考えていると、しばしば「やりたいこと」を貫くことで、将来の道筋が見えなくなることがあります。そんな時はたいてい「じゃあ、自分で起業する？」「え、起業ですか！」と冗談とも本気とも取れるやりとりになるのがお約束です。志を持って自分軸を大切に生きるという理想、一方で組織の中に身を置かなくてはいけない現実、生徒も私もこの理想と現実を行ったり来たりしながら、うろうろしている点では同じだったわけです。

学び続ける教師に大切な流動性

　　自分自身のキャリアの転機にあたって、強く感じたのは、「社会全体で教員の流動性を高めてはどうか」ということです。教員のキャリアは、一般企業に

比べて、可動域も狭く流動性も低い閉じた世界で、この点が多様なキャリア・ヴィジョンを描きにくくしています。教諭か、管理職か、現場か、行政か、公立か、私立か、民間企業へいくのか、民間企業から来るのか、外国へいくのか、あるいは外国から来るのか……、免許、採用試験、給与と退職金、不祥事の問題等さまざまな事情は理解しますが、もう少し開かれた人材の流れをつくれないものでしょうか。そもそも教師とは、職人です。組織に固着するのではなく、技と芸を持った専門職らしい多様なキャリア・ヴィジョンを描ければ、もっと学び続ける教師が増えてキャリア創造の当事者性を個人に返すことができます。「将来やりたいことを実現しなさい」と言っている教師の側が組織に縛られている。そんな現状が少しでも変わっていけば、学校という職場に活力が出て、学んだり挑戦したりする先生の背中をもっと生徒たちに見せられるのではないでしょうか。

「なぜ学ぶのか」がない教室

　今から20年ほど前の話になりますが、中国の高校で日本語を教えていたことがあります。中国の高校の生徒には、「国を支えたい」という大きな志から「金持ちになりたい」という俗世の欲求まではっきりとした「なぜ学ぶのか」がありました。もちろん勉強イヤイヤは万国共通でありますが、なんだかんだ「立身出世」という勉強に駆り立てるリビドーのようなエネルギーを持って勉強していたように思います。先日インドネシアの高校を訪問する機会を得ましたが、ギラギラした眼差しで貪欲に学んでいる高校生たちを見て、20年前の中国の教室を思い出しました。

　一方で、日本の教室には「なぜ学ぶのか」がないと感じます。こんなことを言うと「日本だって受験や就職という学ぶ目的がある」「頑張っている生徒もいるだろう」と怒られてしまいますが、そういうことではなく「立身出世」でも「知的好奇心」でもいいのですが、「人を勉強に駆り立てる本能的な何か」が教室に感じられないわけです。数年前、入学したばかりの高校1年生たちに「なぜ高校で学ぶのか」を問うたところ、「義務に近いものだから」「忍耐力をつけるため」「小中の上乗せだから」「漠然とした勉強に耐えるため」といった回答があり愕然とさせられました。強制された勉強を仕方なく我慢し、小中の惰性で漫然と勉強し成績をつけられている高校生たち。そんな彼らの在り方は、私たち教師の側にも心当たりがあります。それは勉強を強制し、反抗する

生徒を我慢させ、漫然と授業をし、生徒を評価している、そんな私たち教師の日常の仕事の裏返しでもあるからです。

　どうすれば日本の教室が「なぜ学ぶのか」を取り戻せるのでしょうか。ずっと考えています。探究ブーム、新学習指導要領への改訂、大学入試改革など、ここ数年の教育改革は、私にとっては結局この文脈に収斂されるものだと理解しています。高校生たちがどのように日本社会（あるいは国際社会）の中で「身を立てる」道を模索し、「なぜ学ぶのか」を取り戻すためのお手伝いをするのが自分の教師としての役割だと思っており、これが本書のテーマである私のビーイングです。

試行錯誤の授業実践とアンラーンできないもの

　生徒の書く大学への志望理由書には、学びに向かうきっかけや原体験が書かれていますが、そこには驚くほど普段の学校の授業が出てきません。学校行事や総合的な探究の時間などの非日常の体験が印象に強く残ることはわかりますが、年間の大半、日中の大部分を過ごす授業では「なぜ学びたいか」が生まれないことにあらためて驚かされます。しかし、子どもたちから見た日常の授業とは、教師の用意した内容を、教師の決めたやり方で、教師の要求する態度で学ばされるものであり、授業後まで提出物で追い立てられる。確かに、これでは、授業を生徒にとって「なぜ学ぶのか」を発見する場にすることは困難です。

　ではどうすればいいのでしょうか。そんなことを考えながら、この10年間、色々と授業改善を続けてきました。「先生が話すのではなく生徒が話をする授業風景に変えれば……」「さまざまな論理操作や視点転換などをさせ、見えない学力を鍛えていけば……」「問いを鋭いものに練り上げて、実社会の動きとつなげながら考えさせていけば……」、こうして並べて書くと立派にやってきたように見えますが、正直言えば失敗ばかりです。

　冒頭で私の退職した理由を「自分のキャリアが見えなくなった」と述べました。もう少し踏み込んで言えば、今まで「授業、授業」と考え続けてきて、突然行政職へ移りその世界と決別することになった不安、突然拠り所が消えた喪失感、というのが一番理解してもらいやすい理由でしょう。最近「アンラーン」という言葉をよく耳にします。急激に変化する時代の中で、一つの手段や成功体験に拘泥せずに新しいものを学び続けていく姿勢の大切さとともに語られますが、一方で人が仕事の拠り所とする芯の部分の存在、いわばアンラーンでき

ないものの存在と表裏一体なのではないか。自分自身のキャリアを考える上で
こんなことに気付かされました。

透明な力がそのこどもにうつれ

　宮沢賢治に『あすこの田はねぇ』という詩があります。「本統の勉強」とは「商
売の先生から義理で教わることでない」こと、「からだに刻んで行く勉強」が「ぐ
んぐん強い芽を噴いて」いくこと、など詩に現れた教師としての宮沢賢治の学
習観に感銘を受けますが、私が好きな場所は最後のこの一節です。

　　……雲からも風からも
　　透明な力が
　　そのこどもに
　　うつれ……

　子どもたちの学びに向かうエネルギーは目に見えません。わからないこと、
困難なことがあると、すぐに倒れてしまう子どももいれば、どこまでもしぶと
く格闘しながら乗り越えていく子どももいます。苦労や困難を跳ね除け試行錯
誤をしながら学びを実践していく子どもたちが持っている、このエネルギーこ
そ、学びに向かう「透明な力」です。そして、そのエネルギーとは、評定のた
め、模試のため、受験のため、全国大会のためのような「商売の先生から義理
で教わ」ったり打算的な目標設定から湧き起こるものではなく、そのはるか先
にある、自分自身の成長の喜び、社会に対する問題意識や成就感、そういった
学ぶことの意味や価値に反応した本能的なエネルギーとして湧き起こるものな
のだと思います。

　どうすれば教室の中で子どもたちにそのエネルギーを宿すことができるので
しょうか。まさに永遠の課題であり、そもそも賢治ですら「うつれ」と祈るこ
としかできない負け戦なのかもしれません。しかし、その「透明な力」を作り
出し、高校生たちが「ぐんぐん強い芽を噴い」ていくような教育実践や授業実
践こそ、今の日本の学校に必要だと思います。そんな問題意識を持ちながら、
しばし現場のみなさんと悪戦苦闘できれば……。それが私の本懐です。

なしだ・たかし　岩手県の公立高校教員として釜石商業高校、盛岡北高校、大船渡高校、盛岡
第一高校、岩手県教育委員会で勤務の後、2023年3月退職し、現在は西大和学園で教鞭をとる。
共編著に『歴史教育「再」入門』（清水書院）、『探究が進む学校のつくり方』（明治図書）。

私は地方に住む一教師として、どうあるべきか

渡邉久暢

福井県教育庁 高校教育課参事（高校改革）
福井大学 客員准教授

　私は福井県の若狭地域で生まれ育ちました。日本の原子力発電所の約4分の1が集まり、「原発銀座」と呼ばれる地域です。この地域で育った経験は、私にとって地域社会への強い結びつきをもたらしました。この地域が抱える課題や厳しい現実に直面し続ける中で、私は地方に住む一教師としてどのようにあるべきか、ずっと考えてきました。

　2024年の今、私たち地方に住む者たちが抱える最も大きな課題は地域人口の減少です。先日、地域のある方に言われました。「学校であまり勉強させないでくれ。勉強すればするほど、この地区から出ていって帰ってこなくなる」。もちろん、賛同はできませんでしたが、ある意味切実な声です。少子化にも拍車がかかり、小中学校だけでなく、高校の統廃合も各地でどんどん進んでいます。そんな中、地方在住の教師は何ができるのでしょうか。

　私が迷ったときに手にするのは、いつも東井義雄先生の著作です。代表作『村を育てる学力』には、以下のような一節があります。

　　農村人口の都市への移行も必然的な動向であろう。しかし、村の子どもが、村には見切りをつけて、都市の空に希望を描いて学ぶ、というのでは、あまりにみじめすぎる、と思うのだ。そういう学習も成り立つではあろうが、それによって育てられる学力は、出発点からして「村を捨てる学力」になってしまうではないか。私は、子どもたちを、全部村にひきとめておくべきだなどと考えているのではない。ただ私は、何とかして、学習の基盤に、この国土や社会に対する「愛」を据えつけておきたいと思うのだ。「村を捨てる学力」ではなく「村を育てる学力」が育てたいのだ。

東井義雄（1957）『村を育てる学力』明治図書

　東井先生が書かれた時代と、グローバル化や情報化が進む今の社会とは全く違うと思われる方もいらっしゃるでしょうが、私には古くて新しい課題に思え

ます。私が住む福井県では、大学生のＵターン率は３割にも満たない状況です。県内の普通科系高校はもちろん、職業系高校でも大学進学実績の向上を高校魅力化の一つとして掲げている学校が多くあります。しかし、大学受験合格を目的にした学習指導は「村を捨てる学力」を育てることに陥る可能性もあります。人口減少地域での教育において欠かせないのは、東井先生がおっしゃるように、学習の基盤にこの国土や社会に対する「愛」を据えつけるような取り組みを行うことではないでしょうか。

　東井先生は、愛とは「主体的な『愛』」であると定義した上で、「この主体的な『愛』は、ものを、自分のものとしてかわいがり、育て、しらべていく、行動的な学習を通してのみ、育て得る」と説きます。私はこのことばに触発されて、2016年に国語科の学習単元「短歌を作ろう」を開発しました。

　特に国語科においては、ことばに対する「見方・考え方」を鍛えていくことが重要となります。その観点から、東井先生の説かれた「主体的な『愛』」を育むために参考にしたのは、田近洵一先生の「言語行動主体」という概念です。田近先生は言語行動を「認識」そのものだと捉えた上で、国語科教育の目的の一つを「言語を媒介とする認識力・伝達力」に基づく「言語行動主体」の育成に置き、以下のように説かれました。

　　言語を使うということを、状況的存在である人間の主体的行動として捉えねばならない。そしてそれを座標として、言語を媒介とすることによって生まれる様々な意識や認識の働き、あるいはことばによって可能になる抽象的な想像や遊びの価値の独自性を捉えねばならない。(中略)
　　真に『主体的』とは人間の新しいよみがえりの過程において、厳しく自己批判・自己変革する主体のあり方のことであろう。

田近洵一（1975）『言語行動主体の形成』新光閣書店

　田近先生は人間というものを「状況や他者と関わり合いながら絶えず自己を相対化した上で、内面から自己を変革していく主体的存在」として捉えた上で、厳しく自己批判・自己変革する主体のあり方を求めています。

　生徒自身が自らを鍛えていくことは、生徒にとっては、ある意味苦しい活動です。この活動を単元の中で組織するためには、生徒自身が学習の意義（レリバンス）を感じることができる学習内容、学習過程を構想しなければなりません。そこで本単元では、短歌創作につながる教材として、まず、小浜市出身の

歌人である山川登美子に関わる資料を探索しました。与謝野晶子と鉄幹を争ったことで有名な登美子の実家は、当時の勤務校である若狭高校のすぐそばにあります。時代は異なるものの、同じ地域に住み、同じ風景を見つめて、どのような短歌を詠んだのかを生徒が知ることにより、学習に対する主体性を高めることができるのではないかと考えました。

　教材のめどがついた段階で学習課題を考えます。私は学習課題を設定する際には、特にその課題の真正性を重視しています。Wiggins[*]は、「大人が仕事場、市民生活、私生活の場で『試されている』その文脈を模写したりシミュレートしたりする課題」を真正（authentic）の課題と位置づけています。本単元においても真正の課題を設定することにより、生徒の主体性も高まり、ことばに対する「見方・考え方」も育まれていくことを期待しました。

　本単元では単元の節目ごとに学習課題を設定しました。たとえば山川登美子記念館との連携企画を立ち上げ、「山川登美子記念館に掲示するのにふさわしい、自分らしい短歌とは」という小課題を単元の冒頭に設定しました。生徒には、登美子記念館の企画展として自身の短歌が実際に展示されることを伝え、ことばの吟味を徹底させました。広報用のチラシも作成・配布され、複数の新聞にも取りあげられたことにより、生徒の主体性はいやがおうにも高まり、良い短歌が創られました。

　実際に来館者の短歌愛好者から短歌に対するコメントを書いてもらったり、投票による評価を受けたりすることは、生徒にとって大きな励みとなります。有志の生徒が来館者へのギャラリートークも行うことにより、直接各自の短歌の評価も得られました。教師が評価を独占するのではなく、生徒に評価規準に基づく自己評価や相互評価を促したり、学校外の様々な方に評価を開いたりすることが、言語行動主体の育成に有効に働いたと言えるでしょう。

　さらに単元の最終場面では、「地域の短歌同人に披露する、自分らしい短歌を創作する」という小課題を設定しました。生徒は、地元の短歌創作のプロに披露するために、何度もことばを吟味します。この過程を通して、自分自身の

山川登美子記念館にて展示頂いた生徒の短歌

ことばに対するものの見方、感じ方、考え方を見つめ直したり、深めたりすることができるのです。地元小浜市の歌人協会から7名の短歌同人をお招きし、生徒が創った短歌の合評会を開催しました。同人の方々には、生徒4名のグ

地元の短歌同人の方から評価を受ける

ループに一人ずつお入り頂き、生徒が互いの短歌の良い点や修正すべき点などについて自由に意見を述べられるよう、進行役をお願いしました。

　もちろん、同人の方からは生徒の短歌の評価を通して、ことばに対する「見方・考え方」も鍛えて頂きました。長年短歌創作に携わってきた方々から、専門的で深い示唆をいただいたことは、生徒のことばに対する学びを大きく促進させました。それだけでなく、生徒は地域に対する理解を深め、地域の人々と共に学ぶ喜びを感じてくれました。

　本単元では、生徒の多様で質の高い学びを引き出す方策の一つとして、地域に住む人々とのつながりの中で単元を展開することを試みました。地域社会との絆を深め、その土地に誇りを持ちながら成長できるよう、地域社会への深い「愛」を育むことも、教育の本質として重要だと考えるからです。「愛」は、地域社会に対する深い理解と共感から生まれます。地域の歴史や文化に触れ、そこに根ざした教育を提供することで、子どもたちは自らのアイデンティティを確立し、地域に対する「愛」を育むことができます。

　私の教師としての最終的な目標は、生徒たちが地域社会に対して主体的で責任感のある存在になるための手助けをすることです。地域への深い「愛」を育み、それを実践することで、生徒たちは地域社会に積極的に関与し、発展に寄与できるでしょう。この教育が実現することで、将来の社会においても持続可能な地域社会の形成に寄与し、地方過疎地域の再生や発展に貢献できることが期待されます。私は地方の一教育者として、この使命に力を注ぎたいと考えています。

* Grant Wiggins and Jay McTighe (2005), *Understanding By Design*. Assn for Supervision & Curriculum からの引用。邦訳は 西岡加名恵(2012)『理解をもたらすカリキュラム設計』日本標準

わたなべ・ひさのぶ　1968年生。1991年に母校である福井県立若狭高校の国語科教員として教職をスタート。福井県指導主事、県立藤島高校教頭などを経て2023年4月より現職。『高等学校観点別評価入門』(学事出版、共著) 等、著書多数。

教師像をめぐる省察と自己開示

若松大輔

弘前大学大学院 教育学研究科 助教

> 私は、教師であること（being a teacher）を愛しています。……教師とは、専門職、つまり力量や美徳を絶え間なく改善し成長させていくことを求める専門職です。これらの力量や美徳は、授けられるものではなく、創り出されなければなりません。日々私たち自身を新たにする能力がとても重要なのです。
>
> フレイレ「世界を読むことと言葉を読むこと」（Freire, 1985, p.15）*

1. はじめに

　私は、原稿のお話をいただいた時、自身が所属している弘前大学教職大学院における教師教育の取り組みを紹介しようと考えていました。しかし、いざプロットを立ててみると、本書の主題である「あり方（being）」に迫ることができていないということに気がつきました。

　現在、私は大学教員ということで、広義の「教える人／教師（teacher）」です。「教える人／教師」は制度教師に限定しなければ、様々なところに見られますし、私自身もいろいろと経験してきました。そこで本稿は、教師の「あり方」にアプローチするため、自身の来歴を辿りながら「教師」や「教師であること」の捉え方の変容を省察したいと思います。他者の言葉で思想を語る人文学の作法にも、概念化・定式化することを是とする社会科学の作法にも、慣れ親しんでしまっている私にとって、日常の私の言葉で省察することは非常に難しいことではありますが、できる限りの言語化を試みたいと思います。

2. 秩序の管理者としての教師像

　私は、親の都合で引っ越すことが多く、3つの小学校を経験しています。1年生の時は長野県、続いて4年生の途中までは福島県、その後は兵庫県の小学校に通いました。今の私を知る人には信じてもらえないと思いますが、元々引

っ込み思案で、授業中でもそれ以外でも誰かと話すことはあまりなく、友だちも多くはありませんでした。しかしながら、3つ目の阪神地域の小学校に転校した際、様々な家庭の事情も背景にあって、「強い個人」として、ボケとツッコミのコミュニケーションを駆使しつつ、このお笑い至上主義の風土の中でサバイブしていかなければならないのだという思いに駆られました。そのため、この頃の私の最優先事項は人間関係の構築で、「お勉強」は二の次でした。

　「強い個人」として、この世界をいかに独力で生き抜くかということに注力していたので、教師という存在はほとんど意識していませんでした。また、教師になりたいという気持ちも全くありませんでした。しかし、例外的に6年生の時の出来事で、鮮明に覚えていることが2つあります。担任は、『冬のソナタ』がヒットしていた2000年代初頭、「私のことはチェ・ジウと呼びなさい」と言って学級開きをしたベテラン教師でした。私たちから「なんちゃってチェ・ジウ」と呼ばれていたこの教師は、毎回社会科の授業では――「源平合戦」に関して講義した回を除いて――白紙のワークシートを1枚配って、子どもたち個々人が教科書の該当箇所について資料集や図書室の本など活用して内容をまとめるという授業をしていました。その間、この教師は宿題のチェックをするか寝ているかでした。今考えると、この教師はおそらく国語科には関心があったものの（唯一講義をした源平合戦は『平家物語』の内容だったと中学生になってからわかりました）、歴史の授業は全くと言っていいほど関心がなかったのでしょう。このような事情はさておき、私は、自分の興味や関心に基づいていろいろと調べ考えながらまとめていくこの時間が大好きでした。探究的に学ぶことの歓びをはじめて感じたのでした。皮肉なことに、社会科に関心がなかったであろう教師による実践が、私を社会科好きにさせました。

　もう一つは、ある種の「事件」でした。ある日のホームルームで、この教師は「あんたらはセックスについてどれぐらい知っているんや？」と、何とも形容しがたい顔で問いかけました。もちろんふざけている様子ではなく、だからといって怒っている表情でもありませんでした。その後、どのような議論をしたのかまでは覚えていませんが、この時、私ははじめて「教師」という存在が私の目の前に現れたような気がしました。平穏をわざと壊し私たちの世界（子どもたちの世界）に分け入ってきたような気がしたのです。

　まだ教師になりたいと考えたこともなかった頃、私は、基本的に教師は事なかれ主義的に秩序を管理する存在であると捉えていたようです。だからこそ、その例外を今でもよく覚えているのだと思います。無味乾燥な講義と、秩序の

管理としての学校教育。その担い手である教師。教師という存在が未だ外部に
あった頃の私の目には、このように映っていました。このイメージは、中学校
に入ってからもほとんど変わることはありませんでした。むしろ強化されたと
も言えます。

3.　自由を希求する教師像

　教師になりたいと漠然と考えるようになったのは、高校受験を控えた頃で
す。将来の夢について面接で聞かれることは知っていたので、その「受験対策」
として将来就きたい職業を考えておこうと思いました。知っている職業のレパ
ートリーなんて数えるほどしかありませんでした。そして、なんとなく「教師」
だということにして受験に臨みました。高校入学後の「大学調べ」の学習活動
なども、他の選択肢も思いつかなかったので、安直に教育学部を選びました。
こうして、「なんとなく」が積もっていき、教師を目指すことになりました。

　高校生の頃は、こうありたいという教師のイメージを明確に持っているわけ
ではありませんでした。ただ、高校3年生の頃から、先に述べた無味乾燥で管
理的な教育はしたくないとは思い始めていました。その契機は、ある臨床心理
士の人と長い時間を過ごしたことにあります。一緒に海外調査とも呼べるよう
な旅行もしました。彼と「学ぶとはどういうことか」「教えることは可能か」「教
師とはどのような存在か」といった根源的な問いをゆったりと考えていく中
で、「こうありたい」は具体的に思い描けなかったのですが、「こうはありたく
ない」という像は描くことができました。

　大学に進学してから、教育学その他の諸学問について雑多に学びました。私
が学部3・4年生の頃は、「アクティブ・ラーニング」を旗印に全国で高校の
授業改革が盛んに行われている時期でした。その高揚した気運に背中を押さ
れ、積極的に全国の高校教師の実践を見学し意見交換をさせてもらいに各地へ
行きました。この見聞を通して「このような教師でありたい」の一部分である
「このような授業がしたい」というヴィジョンは多少具現化されていきました。

　他方で、大学生の頃は進学塾で社会科を教える塾講師をしていました。やり
たい授業のあり方と、やるように求められている授業のあり方のギャップで悩
みました。この経験は、教師はある環境や状況の中で制約を受けているという
構造の問題にも実感を伴って関心が向くことにつながりました。私が素朴に
「こうはありたくない」と思っていた教師たちも、所与の構造の中でもがき苦

しんでいたのかもしれない、あるいは長年の制約で初志や力を奪われてしまったのかもしれないと、ようやく想像することができたのです。

だからこそ、この頃は教師として自由になることを希求していました。これは、メタな教師像なのですが、教師一人ひとりが「こうありたい」という存在であり続けるために、意思決定の自由が大切なのだと思うようになりました。また、教師になることを意識してからは、自身の探究的に学ぶ歓びの原体験を遠因に、子どもたちが楽しく知的に格闘できる機会を保障したいと考えるようになっていました。無機質な教育ではなく、ある意味で子どもたちを自由人化する（liberalize）教育を目指していたと言い換えてもよいかもしれません。

4.　おわりに

紆余曲折があって、私は教育学の研究者の道に進むことになりました。上で描いた教師像が私の研究の通奏低音をなしているような気がしています。

また、今は、教員養成や現職教育に携われるようになりました。いわゆる教師教育者（普段この言葉は好んで使わないのですが……）の側面があります。だから私は教師だと言いたいです。大学という場所は、教育においてもある程度自由裁量が許されています。その上でこのような意味における教師として、「どうありたいか」、「何がしたいのか」や「何ができるのか」ということを改めて考えているところです。

本稿では、私自身の中における教師像や教師であることのイメージの変容を自伝的に省察しようとしてきました。書き記したいと思いつつも、紙幅の関係でカットしたことも多くあります。さらに、本当はこのような一筋のストーリーに収斂するものではなく、時に矛盾するような経験もしてきたはずです。

このようなやや単純で表層的な省察になってしまいましたが、現在抱いている教師の「あり方」のモチーフが、私の人生の中の出来事と直接的あるいは間接的に紐づいていそうだということを確認することができました。教師の「あり方」をめぐる問いは、個々人の来歴に根ざした物語的な探究を誘うのではないでしょうか。教師像をめぐる議論は何らかの規範を含み込んでしまいます。その検討が空中戦にならないためには、各人が抱いている教師像の背景にあるモノ・コトの省察と開示を踏まえた対話が求められていると言えそうです。

* Freire, P., Reading the World and Reading the Word: An Interview with Paulo Freire, *Language Arts*, Vol. 62, No. 1, 1985, pp.15-21.

わかまつ・だいすけ　1993年生まれ。兵庫県出身。2022年に弘前大学大学院教育学研究科教職実践専攻、いわゆる教職大学院に専任教員（教育方法学／カリキュラム研究）として着任。日々、大学内外で様々な人たちと教育について考えています。

教師の責任ってなに？

小峰直史

専修大学人間科学部 教授（学びの社会学／生徒・進路指導論）

1. かなしみを抱える私たち

　新美南吉（1999年刊、1935年初出）に『でんでんむしのかなしみ』という作品がある。ある日、でんでんむしは自分の背中の殻のなかに、かなしみがいっぱい詰まっていることに気がつく。これでは「生きていられない」と友を訪れ、自分の背中に詰まったかなしみのことを聴いてもらおうとする。いずれの友だちも背中にかなしみを抱えていることを知り、でんでんむしは嘆くのをやめるというのが粗筋である。

　くだんのでんでんむしのように、私たちはこころの奥底にかなしみを抱えている存在である。

　幾つかの調査データを見てみたい。国際比較調査（内閣府、2014）によると、日本の青年は諸外国に比べ、自己肯定感が低く、悲しみや憂鬱の感情を持つ割合が高く、自分の将来に明るい希望を持っていない。また、15歳〜24歳の自殺死亡率はOECD加盟国38か国中、男性は9位、女性は7位と高い。小中高校生の自殺者数は過去最多の水準となった（厚労省、2023）。コロナ第5波と第6波の間の2021年12月、国立研究開発法人国立成育医療研究センター（2022）が、日本の小中高校生に調査した一部のデータも気になる。うつ状態にある太郎君のエピソードを読み答えてもらう設問に、小学生の70％以上、中高生の90％以上が「太郎君は助けが必要な状態」と回答しているにもかかわらず、「もし自分が同じような状態になったらどうするのか」という問いには、半数以上が「誰にも相談しないでもう少し様子をみる」と答えている。

　自殺対策基本法に基づいた政府が推進すべき自殺対策の指針となる自殺総合対策大綱は、2022年に3度目の改定が行われた。子ども・若者の自殺対策の推進・強化項目の柱の一つとして、「SOSの出し方教育」の推進が踏襲されている。困った時に誰かに助けを求めることを児童や若者に教育し、助けを求めるスキルを育て、自殺を防ごうという試みである。

こころが疲れ、休むことを「弱い」として受け入れられない文化やSOSを出したくても出せない土壌や背景が、クラスや学校、そしてこの社会にはある。セーブ・ザ・チルドレン・ジャパン（2022）が子どもの権利条約の認識について教員に調査したところ、「遊ぶ・休む権利」「意見を聞かれる権利」を子どもの権利として正しく選択した教員は6割前後、「義務や責任を果たすことで権利を行使できる」を選択した教員が4人に1人を超えるという回答結果も、子どもたちがSOSを発することの「ブレーキ」の一つとなると言えないだろうか。

2.　問われるのは援助希求能力なのか

　前述した国立成育医療研究センター（2022）の調査結果に再度登場してもらう。図1に示すように、自分が太郎君のように助けが必要と思う時、「相談するとよい意見やアドバイスをもらえる」「相談すると気持ちがスッキリする」「相談しないで一人で悩んでいてもよけい悪くなると思う」という相談についての肯定的な回答はいずれも高いが学年進行と共に下がる。「相談するとき、自分の気持ちをどう表現してよいか分からない」との中学生の回答比率が高い傾向を示す。相談へのネガティブな認識である「相談しても秘密にしてもらえない」「相談しても話を真剣に聞いてもらえない」「相手に嫌なことを言われる」の回

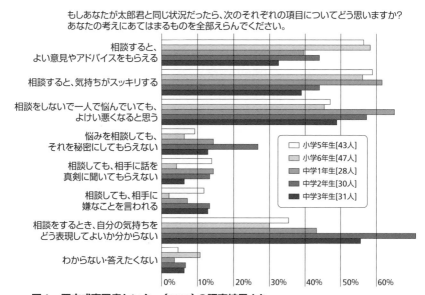

もしあなたが太郎君と同じ状況だったら、次のそれぞれの項目についてどう思いますか？
あなたの考えにあてはまるものを全部えらんでください。

図1　国立成育医療センター（2022）の調査結果より

答比率は、相対的に中学生が高い傾向である。子どもたちが大人たちに自分の気持ちに合う言葉を懸命に探し、勇気をふるって相談しても、その訴えが受け止められなかったとしたら、彼らを絶望の縁にたたきこんでしまう。教師はこの回答結果と向きあわなければなるまい。

自殺を考えた時に相談した経験があると答えた人は約3割に過ぎない（厚生労働省、2008）。Yamaguchi等（2023）の縦断的研究によれば、思春期の4人に1人が「悲しい気持ちになる」「なにをしても楽しくない」などのうつ症状を抱えていて、その症状が悪化すると、その後、相談したい気持ちが弱くなってしまうことを明らかにした。

援助希求行動の育成が主張されているが、変化を求められるのは苦しむ子どもや若者の側なのであろうか。むしろ変わるべきなのは周囲の大人なのではないか。塞いでいる人の口は重いものである。くじける人は根性がないという価値観にとらわれてしまうことはないだろうか。精神科医の中井久夫（2018）は、いじめの最終的な過程を、周囲から見えなくする「透明化作戦」の段階と指摘するが、被害者が精いっぱい助けを求めているのに、その作戦にまんまと乗せられ、周囲がヘルプサインを受け取れず、教師さえ加害者の席に加わる凄惨な生き地獄の世界も出現する。このような世界を阻止するには、感受する力を高めなければならない。

3.　教職の責任とは

コロナ禍の始まった頃からであろうか、教職課程受講者が教職という仕事の範囲を限定的に、自己防衛的に捉えるようになってきている感触がある。彼らといじめや貧困の事例を検討すると、「地域や家庭に関わることは教員の仕事なのだろうか」「理想はわかるが、授業や仕事をしながら一人ひとりを見ることは無理がある」との声が必ず寄せられる。

教室定員を少人数化する、週当たりの担当授業数を少なくすることを中心に労働条件改革を行うこと、ケアする教師のケアといった新たな政策は須要である。それを否定するものではない。しかしあえて言おう。働き方改革の大合唱の下、教育現場が培ってきた受け止める力、ケアする力が失われることはないかと懸念する。

教職課程を受講する若者に問う。君はなぜ教師になりたいと思ったのか。安定性やワーク・ライフ・バランス以外の理由を挙げられないのなら、教職の道

をはやく断念することを勧める。自らの人生を内観してみてほしい。悩みに寄り添い、時の経つことを気にせず受け止めてくれた人の存在はなかったかと。

　教師を志す者と現職に強く求める。教室内外の弱者に寄り添う気概を持ち続けているか。弱者の声は儚く、時に言葉にならないものである。その声をキャッチする感受性を育てているか。教職の喜びとは、地位や金銭ではなく、子どもたちのため、民主的な社会の実現に向けて勤しむことで得られるものである。

　責任とは英語でresponsibility。この語源はラテン語のrespondeoである。その原義は「返答・応答の能力・可能性」。つまり責任を持つとは、第一義に義務でもなく、ましてや重荷なのではない。呼応可能な間柄を生きている者として、相手の眼差しに気づき、呼びかけられているという事実を受け入れることである（大庭健, 2005）。痛み、悲しみ、さみしさ、実存的不安を抱える子どもたちの前に立つ一人の大人として、消え入りそうな呼びかけに応えることが教員の責任なのである。呼びかけられているという事実を見失ったり、ましてやその声をノイズとして黙殺したりすれば、寒々しく貧しい教育関係が立ち現れることは想像に難くない。先生方に寄せられているであろう、消え入りそうな小さな声、声なき声に耳を澄ますのである。加えて自分が子どもたちに対して、どのような「み（見、観、視、診）方」をしているのかについて自覚的になることである。これらの力を育てるには同僚とのケーススタディに勝るものはない。その場でのフィードバックが、自身の一面的な見立てに気づかせてくれる。新たな関わり方のヒントも得られる。何よりチームワークが育つのである。

　殻いっぱいの悲しみを抱えている「でんでんむし」たちを前に、教師である私とあなたがどのように応じているかが問われているし、組織として構造的に応える責任を私たちは育てていかなければならない。

参考文献
* 大庭健（2005）『「責任」ってなに？』講談社現代新書
* 国立研究開発法人　国立成育医療研究センター（2022）『コロナ禍における思春期のこどもとその保護者のこころの実態報告書』
　https://www.ncchd.go.jp/center/activity/covid19_kodomo/report/
* 厚生労働省（2008）『平成20年度自殺対策に関する意識調査』
* 厚労省（2023）『第5回こどもの自殺対策に関する関係省庁連絡会議提出資料』
* セーブ・ザ・チルドレン・ジャパン（2022）『学校生活と子どもの権利に関する教員向けアンケート　調査結果』https://www.savechildren.or.jp/sp/news/index.php?d=3897
* 内閣府（2014）『平成26年版子ども・若者白書』
* 中井久夫（2018）『いじめの政治学』みすず書房
* 新美南吉・作　上矢津・絵（1999）『でんでんむしのかなしみ』大日本図書
* Yamaguchi, Ando and Miyashita（2023）Longitudinal relationships between help-seeking intentions and depressive symptoms in adolescents, Journal of Adolescent health.

こみね・なおふみ　1962年生まれ。教育「困難」校での11年の勤務を経て、現職。学校教育に限らず地域で、子ども・若者たちが幸せに生きる道を探すことを支える人の養成に関心がある。全ての授業でワークショップ形式を展開中。

教師としてのあり方はいかに変化し続けるのか

岩瀬直樹

軽井沢風越学園 校長

　「教師のあり方について論じよ」と言われると、なんとも戸惑いを覚える。それは「お前自身は、教師としてふさわしいあり方なのか？」と問われているような気持ちがするからである。しかし自分自身の「あり方」がどのように形成されていったのか、ということなら深められそうな気がする。

教師としてのスタート

　私は、小学校の教員になる前から、学習者中心の学びに関心があった。それはあきらかに父の影響だ。中学3年生の頃、父は私をその頃開校した自由の森学園に行かせたかったらしい。経済的事情で断念したようだが、私は自由の森学園の本を読み、学習者中心の思想に触れた。家の本棚には、サマーヒル、フレネ教育、デューイの本が並んでいたので、手にとることもあった。そのときの関心は、東京学芸大学に進学して平野朝久先生の教育方法学の授業で見た、当時広がりを見せつつあったオープン教育実践のビデオで再燃した。平野先生の論文を読み、先生が企画していた学校参観ツアーにも参加した。

　参観した学校の先進的な取り組みを見て、私は公立学校も変わっていくのではないかという希望を持って、公立小学校の教員になった。しかし、学校現場は私が子どもの頃と何も変わっていなかった。大学時代に参観した長野県伊那市立伊那小学校の総合学習や長野県諏訪市立高島小学校の「白紙単元」のような実践ができる土壌は現場にはなかったのだ。

　初任者であった私はその中で学習者中心のカリキュラムを編成することも、授業を展開することもできず、日々をしのぐことで精一杯だった。このままじゃいけないと思っている自分と、やれていない自分。

　ノウハウや、教育技術の法則化、仮説実験授業等の学習プログラムで、子どもが「いきいき」した状況をなんとか作り出す毎日。それなりの手応えもあったが「おもしろいことをする先生」で留まっていたと思う。しかしそれはある

種の承認欲求を満たす。私は、いつのまにか「いい先生」になっていると自己認知するようになっていった。しかし教員になって5年過ぎた頃から、じわじわと自分が目指していた実践と教室で起きていることの差異に苦しめられるようになっていった。受動的な学習者、言い換えれば「おもしろいことを口を開けて待つ子どもたち」を育てている自分を見つめざるを得なくなったのである。

学習者という、学びの出発点を生き直す

　教員になって10年。埼玉県の長期派遣研修で、東京学芸大学で平野朝久先生のもとで、再び1年間学ぶ機会を得た。この1年はとにかく「よい」といわれる実践をたくさん見ようと思い、全国の学校を歩いた。名だたる附属校、有名校。しかしその中に自分の琴線に触れるものはなかった。「鍛えられたすごい子ども」にはたくさん出会うのだが、不自然にしか見えなかった。徹底的に学校化されている教室は、私には息苦しい空間にしか感じられなかった。

　自身の実践を問い直すとき、学校教育を探究しても新たな視点は得られないかもしれないと思った頃、『ワークショップ』(中野民夫　岩波新書　2001)という本に偶然出会う。大人の学びとしてのワークショップとはどのような場だろうと思い、様々なワークショップに参加してみることにした。そこに何かのヒントがあるのかもしれないという漠然とした期待を持って(なんとこの年は100万円近く学びに投資してしまった)。当時の私は、ここに学校教育を問い直す視点があると直感していた。

　ワークショップに参加するうちに、学習者として学びに没頭する自分に出会った。ああ、この感覚が一人ひとりの子どもに起きればいいのだ。「教えるひと―教えられるひと」「変化をつくるひと―変化を被るひと」の非対称な関係性を超えて、学習者自身が変わっていくということへの手応えを、自身の変化を通して体感していた。

　それと同時に、組織が変わっていくことへの関心も、ワークショップやファシリテーションに出会うことで生まれはじめていた。自身の確かな変化に興奮していたのだろうと思う。

　現場に戻って実践したい、職員室も変えていきたい。そんな熱が自分に生まれていた。

現場に戻って

　小学校現場に戻った私は2年生を担任した。実践の中にワークショップの要素を入れはじめていたが、なかなか手応えを感じられずにいた。自身が体験したアクティビティを学級でやってみるぐらいしかできていなかったからだ。

　職員室もなかなか変わらなかった。いや変えられなかった。校内研修に前向きにならない同僚、旧態依然としたやり方を変えようとしない同僚に、私はいらだっていた。やはり制度としての学校はなかなか変わらない。いや、もしかしたら自分が体験したように、職場の同僚も体験が必要なのではないか。言葉で伝えてもわからない、私だって体験することから変化しはじめている。学習者としての体験が人の信念を変えるきっかけになるのかもしれない。

　そこで「来年度の校内研究のテーマを何にするか」という職員会議に青木将幸さん（本巻に寄稿：編集部注）というプロのファシリテーターを招く計画を立てた。学校外と学校内を直接つなごうとしたのだ（今思えば本当に大胆で、しかもよく管理職がOKしてくれたと思う）。

　先輩となんとか管理職を説得して実現の運びとなった。講師料は先輩と折半し、管理職には「ただで来てくれる」とうそをついた。

　学校での会議、私が体験してきたほとんどすべては、机をロの字に並べる形態で、意見を言う人はいつも限られていた。内職をする人、いつも対立する人。生産的な場とはほど遠かった。青木さんを招いた1時間半。同僚は「何をさせられるんだろう」という引いている空気。外から人が来ることへの抵抗感。私も正直心配でたまらなかった。

　全員が参加し、意見を表明し、役割分担した。青木さんは淡々と進めていくのだが、場のメンバーの力を引き出し、いつも話さない人が意見を言い、自然に対話が生まれていく様子に、私は興奮した。

　終わった後も誰からも文句は出なかった。むしろとても肯定的だった。「あっという間だったね」「おもしろかったね」という声が聞こえてきた。ああ、やっぱり職員室も変われるんだ。所与の集団、人間関係に関係なく、場は変わっていくんだ、人は変わっていくんだと、そのときの私は感じていた。

　学校外の文化を学校に持ち込むことで、変わらないと思い込んでいた職員会議の「当たり前」に一時的ながら生まれた変化。学校外と学校内は対立ではなく、新たなものを生み出すことがある。学校内と学校外が混じり合った、たった1回のこの経験が私に新たな期待を生んだ。学校外と学校内は二項対立では

ないのかもしれない。対立を起こすものは「恐れ」だが、学校外の文化と学校内の文化が可能な範囲でふれあうところで生まれたのは「期待」だった。私はこれを原動力に、さらに学校外の学びの場へ出かけ、ファシリテーションを学ぶことに没頭し、学習者中心の学びの実践へと向かっていく。

それ以降、さらにたくさんの本を読み、実践し、記録し、フィードバックをもらい、実践を磨いてきた。そのうちのいくつかは著作に残しているが、そこにたどり着くまでに、これまで書いてきたエピソードの頃から10年以上の時間がかかっている。そして未だ道半ばだ。「あり方」もまだまだ未熟という他ない。

「あり方」とは

ここまで、自分の「あり方」を過去の経験のエピソードから探ってみた。

私の「あり方」は、学習者一人ひとりに力があること、大村はまの言葉を借りるなら「身の程知らずに伸びたい人」という学習者観に支えられていると思う。そしてその学習者観は、自身の学習者体験による変化や成長に支えられている。

誤解を恐れず言えば「自分だって大人になってからこんなに変われたんだ。だからあなたもきっと変われるはず」ということだ。

それを大切にするには、学習者一人ひとりの関心に関心を持つこと、一人ひとりが自分の力を実感できるような実践を志すこと。

それは決して簡単な道ではない。私たちの「あり方」は実践を通してかたちづくられ、経験によって磨かれる。よりよい実践をするためには、学び続けるしかない。

教師の成長を語るときに「鍛える―鍛えられる」というのは死語になった感じがしている。しかし私たち教師は専門職である。私たちはプロとして自分を磨き続け、実践し、実践を振り返る中で自己を更新していく。あり方は、自分自身を鍛え続けるプロセスで何度も問い直しながら変化していくのではないか。

私の「あり方」もあなたの「あり方」もこれからも変化し続けるものなのだと思う。だからこそ思いっきり学び続けようぜ、と思うわけだ。

いわせ・なおき 1970年生。東京学芸大学大学院教育学研究科修士課程修了。埼玉県の公立小学校教員を22年間務め、信頼に基づく授業・学級・学校づくりに取り組む。3年間の大学教員を経て、現在、軽井沢風越学園校長。

先駆者から学ぶ「教師のあり方」を
見つめ直す視点

吉田新一郎

プロジェクト・ワークショップ

　「教師のあり方」のテーマで執筆依頼を受けた時、すぐ思い出したのは、二つのテレビ番組と一冊の本でした。テレビ番組は、「日本の小学校のマラソン大会を視察したフィンランドの小学校の校長先生」と「奇跡のレッスン　ハンドボール」で検索すると概要がわかります。

　そして本は、ピュリアスほか著の『教師──その役割の多面性』（文教書院、1970年）です。全部で22の教師の役割が紹介されています。ガイドする、教える、模範／手本になる、学習する人、カウンセラーなどは誰もが思いつくと思いますが、そうではないものも含まれています。たとえば、「陣営を壊す人」。教育は「古いものに固着しすぎる傾向がある」ので、「教師は、一人ひとりの生徒について（また、自分自身や同僚との関係においても）古いものを適度に使い、また新しいものを適度に受け入れるように努める。つまり、今この人にはどれが一番良いのかということを捜し求めるのである」（109ページ、一部変更）としています。

　私がこの本を15年前に読んだ理由は、当時紹介したいと思っていたライティング・ワークショップ（作家の時間）という教え方・学び方が、どれだけの役割を果たしているかを確認したかったからでした。結果は、22の役割のうち20が当てはまりました。50年以上前に出版・翻訳された本なのに、内容的には今でも十分に参考になります（ということは、教育分野の成長の速度があまりにも遅すぎるということ？）。そのしばらく後には、64の役割をリストアップした資料も見つけました。その64の役割リストと上記の22の役割に興味のある方は、筆者に資料請求してください。

　継続して「教師のあり方」について考えていると、昨年の夏、3か月ほどの間に出した3冊の本もそのテーマだったことに思い至りました。そのうちの1冊、8月に出たローラ・ウィーヴァーほか著の『SELを成功に導くための五つの要素』（新評論、2023年、SEL＝Social and Emotional Learningは「感情と社会性を育む学び」や「社会情動的スキル」のこと）は、研究者でSELの普及者のレイ

チェル・ケスラーという人によって20年以上前に明らかにされた、「授業で何よりも生徒の学びと取り組みに影響を与えるのはteaching presence（教える人の存在感）である」という発見に基づいています。それはまさに、本巻のテーマである「教師のあり方」と言い換えられます。

　ケスラーは、カリキュラムや指導・評価技術などよりも、先の教師の役割と深く関係する「自分はどういう存在か」「自分自身をどのように表現するのか」「どのように生徒とつながるのか」などがより重要であることを示しました。彼女は2000年に出た論文のなかで、「教師のあり方」の要素として、①おおらかで広い心を育む、②お互いを尊重しあうための一線を設ける、③「今、ここ」に目を向ける、の三つに整理しました。そして後に、④自分自身をよく振り返る、⑤感情の幅を広げる、の二つを追加しました。

　ウィーヴァーらによる『SELを成功に導くための五つの要素』は、これら五つを身につけるために、教師自身と生徒たちが取り組めるたくさんの活動を紹介している本です。原書のタイトルは『エンゲージ・ティーチングの五つの要素（The 5 Dimensions of Engaged Teaching）』ですが、意味するところは「生徒たちが夢中で学べるように、教師が夢中で取り組める教え方の五つの要素」です。それは、まさにケスラーが強調した「教師のあり方」こそが、他の何よりも生徒の学びに影響する理由であることを表しています。

　「教師のあり方」＝エンゲージ・ティーチングの五つの要素を、簡単に説明します。

　①「おおらかで広い心を育む」は、一番イメージしやすい内容かと思います。温かさや思いやり、互いへの気遣いや信頼関係のあるクラスと学校づくりです。それには、「生徒や同僚に対して、時には自分の弱い部分を見せられる」関係であることも含まれます。

　②「お互いを尊重しあうための一線を設ける」が、日本人には一番分かりにくく、かつ難しい部分かもしれません。教師をはじめとして人を助ける職業では、「ここまでが限度だ」という線を自分でうまく引いたり、「これ以上はできません」と自らの限界を示すことは難しいことですから。

　その限度を設けるということは、自分自身をよく知り、習慣として反応しているパターンを認識し、何が自分にとって継続可能かを見極める能力のことです。つまり、「ここまで」という一線を設定できる能力を身につけ、自信をも

って実践できるようになることです。それには、抵抗や不満、反対などに遭遇することをいとわず、対立等が発生しうる状況のなかでも、思いやりのある関係を維持できる能力まで含みます。

③「今、ここ」に集中できているとは、その日（週、単元、学期、学年等も!?）の学習目標の達成は目指しつつも、クラス全体としてのニーズと一人ひとりの生徒のニーズに柔軟に対応できる状態にいることを指します。そのバランスをとることは難しいのですが、teachable moment（教える絶好の機会）を逃さないということです。

④「自分自身をよく振り返る」は、単純明快に、次のようなことができる力を教師が（そして、生徒も）養うことと整理しています。（1）自己の内面へと目を向け、自分の思考や行動、またそれらを引き起こすきっかけ（トリガー）が何であるのかに気づくこと。（2）気づいたことを振り返ること。（3）意志に基づいて行動を選択すること。（4）必要に応じていつもの行動を変えること。

日本全国で、ここ数年「振り返り」がブームになっていますが、これら4つのうち、どれは押さえられているでしょうか？　（2）ばかりで、他は丸ごと抜け落ちていませんか？　残りも教師がモデルとなって示し続けないと、真の「振り返り」を生徒たちに期待することは難しいでしょう。

この章では、生徒と教師が自分の最適な「学習ゾーン」を見つけることにも言及しているだけでなく、「シングルループ学習とダブルループ学習」「トリガーとうまく付き合うための活動」「立ち止まるための活動」「セルフ・サイエンティストになること」等も紹介されています。

⑤「感情の幅を広げる」は、私たちが毎日、喜び、怒り、悲しみ、欲求不満、活気、無関心、不安などといった感情を経験し、それを表情や態度、言葉、行動などによって表現していることと関係します。学校は、感情があたかも存在しないものと仮定して、認知面に特化するのをよしとする傾向があります。しかし、人が何かに意識を向ける時、感情こそがそれに意識を向けさせ、学びと記憶の活力となっています。感情の幅を広げる方法には、自分や他者がどのような感情を、快適または不快に感じる傾向があるのかを理解して、感情が安定／安心できる状態をつくったり、不快な感情には対処できる力をつけたりすることが含まれます。また、EQスキル≒SELを育むことも求められます。

教師が何に焦点を当てて、どう教えるか、それをどう評価するのかなど、すべての過程で、生徒たちとどのような関係を築くのかといった一つひとつの判断は、教師が大切にしている価値観に基づいています。そしてその判断は、固定化されたものではなく、常に再発見／修正される類のものです。それが、次の目標の設定や行動を規定し、価値観の再発見や修正をもたらし……とサイクルは続いています。その意味で、一つひとつの授業ですることは、教師のあり方の表出なわけです。

　過去40年近く、一人ひとりの生徒を大切にする学び方・教え方、評価法、教科指導、学級・学校運営など、たくさんの本を紹介してきましたが、どれも「教師（執筆者）のあり方」がその根底にはあるものばかりでした。

　最後に、「教師のあり方」に深く関係する問いかけです。「今の学校の、学ぶことと教えることに関するボタンの掛け違え／誤解には、どんなものがあるでしょうか？」

　ぜひ、一人ブレストをして、そのリストを筆者（pro.workshop@gmail.com）宛にお送りください。送ってくださった方には、他の先生方が挙げたリスト（名前は出さずに）と、筆者がつくったリストをお送りします。このリストから、教師のあり方とそのために具体的に行動できることが明らかになるはずですし、皆さんと私の新しいプロジェクトが生まれるかもしれませんので、ぜひ協力をお願いします。

　今、自分がしていることにクリティカルに向き合うことで、イノベーション（新しくて、よりよい何かを創造すること）が可能になります！　ここでいう「クリティカル」は「批判的」というよりも、「何が大切で、何は大切でないかを常に判断しながら歩み続ける」ことの方が大きなウェートを占めています。冒頭で紹介した二つのテレビ番組はその典型事例ではないでしょうか。

よしだ・しんいちろう　教育へは新米として関わり（クリティカルな問いを発し）続けることを大切にしています。「PLC便り」「WW／RW便り」「SEL便り」と「ギヴァーの会」のブログを書くのと、先生たちとの共同プロジェクトはその助けになっています。

「先生」と呼ばないで

江森真矢子

一般社団法人まなびと 代表理事

　学生時代はまさか自分が関わることになるとは思わなかった学校教育の世界で仕事を始めて、ほぼ四半世紀になる。私学向けの教育関連サービス企画、教育専門誌の編集者、公立高校コーディネーターを経て現在に至っているが、学生時代の私は子どものためのキャンプ、野外活動のボランティアスタッフをしていた。専攻は教育とは関わりない社会学。今思えば社会教育や体験教育の分野にいたのだが、当時の私は教育に携わっているとも思っていなかった。

　学生主体でプログラムを考え、運営するキャンプで仲間たちと常々話していたのは、学校ではできない経験を子どもたちに届けたいということ。大切なのは遊び、子どもたちが自分で考えて自分で決めること、コントロールの効かない自然環境でしなやかに対応する力、他人と一緒に何日も生活する中で気づく自分自身のこと、人間関係のつくり方。まっすぐや四角ではなく、全く同じ形のものがほとんどない野外での体験が参加する子どもたちの小さな原体験として、人生の錨の一部になってくれたらいい、と祈りにも似た気持ちで活動していた。

　といって学校教育を否定していたわけではない。中学高校時代は毎日が楽しく授業も先生たちも大好きで、学校のおかげで今の自分があると思っている。教師になることなど思いつきもしなかったのは、そもそも、先生のように人に大きな影響を与える仕事は、恐れ多くて自分ができるとは考えられなかったからだろう。大学時代、「もしも学校で働くとしたら、生徒と正対するのではなく、図書館司書や事務職員のような、目立たないところにいて、何かのきっかけで生徒と関わるような立場がいい」と友人に話したのを覚えている。今でいえば「ナナメの関係」であろうか。

外から見た先生

　そんな私が新卒で就職したのは「この会社ならキャンプができるかも」と思

えた中学受験塾グループ。私立中高一貫校の募集広報に関連するサービスや、探究的な学びを軸とした校外学習プログラムを提供するのが主な仕事の内容だった。その時の先生たちは私にとってクライアントであり、時に学校や授業のあり方を共に考える仲間であり、社会人になったばかりの私にとってはさまざまなことを教えてくださる「先生」だった。

次に就いた職は高校教員向けの教育専門誌『キャリアガイダンス』シリーズの編集。全国の高校を取材して優れた教育実践を紹介したりそのための情報提供をする仕事で、先生たちは取材対象者であり、読者である。ほぼ都市部にある私立中高一貫校としかお付き合いのなかった前職と比べ、足を運ぶ学校は全国津々浦々の公立、私立高校に広がった。

転職してすぐの頃、取材に行くたびに思ったことがある。それは、この、全国の隅々にある学校と先生方が日本の教育を支えているのだということ。北海道のローカル線の駅から、更に車で1時間近くかけて行った学校では「うちの生徒は進学にしても就職にしても、実家の仕事をするのでない限り必ず家を出なければいけないんです。だから、18歳での自立を一番の目標にしています」という先生がいた。交通の便が悪い地域にある高校では「通える高校がここしかないという生徒も多いから、うちは雑木林。だから土壌が豊かなんだと思っています」という先生がいた。

先生という人たちは社会の常識を知らないという人がいるが、自分のいる業界のことしか知らない職業人は他にもたくさんいる。世間一般と比べた時に何が違うかといえば、圧倒的にモラルが高い集団だということではないだろうか。

学校の外から学校の中へ

どちらの会社にいた時代も仕事を離れて親しく交わる方々ができたが、学校の外側から先生を見ていることに変わりはなかった。そんな私に転機が訪れたのは、岡山県立和気閑谷高校で働かないかという誘いを受けた2014年。当時、定員割れを起こしていた県立高校に、和気町からの提案で地域おこし協力隊を入れて活性化を図る取り組みが始まっていた。着任2年目の香山真一校長は島根県立隠岐島前高校をモデルに、地域をフィールドにした探究学習を導入することや全国募集への条件整備を図り、そのためのコーディネーターとして和気町所属の地域おこし協力隊を学校に置いたのだ。

着任したのは2015年。肩書きは「支援職員」、最長3年の有期雇用である。

学年所属にしてほしいとお願いしたところ1年次団に配属となり、分掌は進路課と総務課。教育課程検討委員会や、文科省の指定事業を担当する部署を受け持ったこともある。総合的な学習の時間のカリキュラム設計と広報が主な仕事だったが、掃除も、日直も、朝の挨拶当番も担当した。総合的な学習の時間では前に立って話すことがあり、学年集会にも出る、部活動は文学部第三顧問、修学旅行にも一緒に行くので生徒から見たら他の先生たちとあまり変わらなかったかもしれない。

　だから、生徒たちは何の気なしに「先生」と呼ぶのだが、私は強烈な違和感を覚え、呼ばれるたびに「先生じゃないから、普通に、さん付けで呼んでください」と言ってまわった。同僚の先生方にも同様に「私は教員免許も持っていませんし、先生はナシでお願いします」と伝えていた。教育の専門家であるという自負はそれなりにあり、授業の設計やワークショップのファシリテーションはできる。それでも「先生」や「教師」であるとは思えない。

　職員室に席を置き、教職員集団の一員となって仕事をする中で、その思いは一層強くなっていった。

中から見た先生

　学校で働くようになり、出入り業者や取材者としては知り得なかった先生たちの日常に接するようになった。取材で出会うのは、たいていはピカピカの、一家言があったり注目されるような授業をしている先生だが、同僚として接するのは、言うなれば「普通」の先生だ。学習指導要領を読んでいる人は少ないし、新しいことを始めるとなれば文句も言う。「キャリア教育ってインターンシップのことでしょ」と言われた時にはびっくりしたが、同時に進路指導・キャリア教育専門誌の編集者として反省もした。

　編集者は新しいもの好きで、どちらかというと今よりも一歩先、半歩先の情報を求めるが、学校の日常の中で触れたのは新しいか古いかでは測れない教師のあり方だった。正直に言えば、公立学校の教員であれば国の大方針は概要だけでも知っているべきではないかと今でも思う。が、しかし、教育の潮流の一歩先、半歩先ではなく、目の前にいる生徒の一歩先、百歩先を考えて正面から生徒と対峙する同僚たちの姿を見るにつけ、これは簡単にできる仕事ではないと思わされた。

　私の入った学年はなかなかに事件の多い集団だったが、3年間、持ち上がっ

128

た学年団の最後の飲み会では、愚痴めいたものは一切出なかった。誰が、どんな風に成長したか、次から次に生徒の名前が挙がり、喜びを分かち合った。こんなにも対象に心をつかい、誰かの未来にわたって思いを馳せる仕事は他にない。

　そこまでの責任感や覚悟がないと言えばそれまでなのだが、やっぱり私は「先生」ではなく、これからも先生と呼ばれると居心地が悪いだろうと思う。学校のすみっこにいて、何かのきっかけで時々深く関わる生徒がいる存在。一人ひとりの生徒を点としてそれぞれに支えるのではなく、カリキュラムや仕組みづくりという面で学校を支えるコーディネーターだ。

先生が先生であるために

　もう一つ、学校で働き始めて実感したのが教員の多忙化である。現在60代あるいは50代半ばぐらいまでの同僚は、ベテランだからというだけではない余裕があるように思う。余暇の使い方が上手で何かの趣味を持っており、若い頃の話を聞くと、遊ぶ時は遊ぶ、教材研究や職員会議ではガンガン意見をぶつけ合うというメリハリの利いた働き方をしていらした方が多い。

　余裕がなくなると、待つこともできない。自分がやったほうが早いからと転ばぬ先の杖を渡しすぎて、子どもたちが自分で考えることや、失敗することを許容するキャパシティが小さくなってしまうのではないだろうか。この教師と生徒の関係は、教育委員会と学校の関係、文科省と教育委員会の関係と相似しているように見える。

　先生方が自分自身と自分の世界を大切にし、面白い授業をどんどん作れるような環境はどうしたら実現できるのか。そして目の前にいる生徒の一歩先、百歩先を考えるように、先生方自身の一歩先、百歩先を互いに語り合えるようになれるのか。「先生」ではない職員が学校にいることは、一つの解になるのではないかと思っている。

えもり・まやこ　国際基督教大学卒業。日能研グループで私学の魅力づくり支援に携わった後、リクルート「キャリアガイダンス」誌編集者に。15年から岡山県立和気閑谷高校で学びのコーディネーターを務める。現在は教育系フリーランサーとして活動中。

空間ににじみ出る
教師のあり方を見るのが好きだ

青木将幸

ファシリテーター／軽井沢風越学園 評議員

まずは空間をととのえる

　全国各地の会議室や教室をお借りしてファシリテーションをするのが仕事です。行った先々で、まずやるのは入り口で礼をして頭を下げること。そして「空間のととのえ」です。ホワイトボードや黒板があれば、それらをきれいに消します。ときどきセロテープがついていたり、ペン置き場がひどく汚れていたりすると、それらも掃除をします。

　それから、机やイスを並べ直します。その会議室にある配置をそのまま採用することはあまりなく、テーマや内容に合わせて、グループ・サイズやレイアウトを変更することが多いです。通常、黒板を正面にしている教室であれば、あえて窓側や廊下側を正面に使うこともあります。同じ教室でも正面を変えるだけで、新鮮な空間になることが、ままあります。

　少し時間のゆとりがあれば、部屋の掃除に取りかかります。ほうきで床を掃くと、様々なゴミが落ちているものです。大切な場を進行させて頂くときは、ぞうきんをお借りすることも多いです。これまでの僕の経験では、「ぞうきんがけ」をした空間で、ファシリテーションをしくじったことは記憶にありません。「空間が助けてくれる」というと、なんだか抽象的な表現となりますが、そういうことはよくあるのです。本当に。

　テレビで大相撲を見ていると、一番一番の勝負の間に必ずほうきをかけて、土俵を清めています。「命を賭けた真剣勝負ができる空間」にととのえているのだと思います。僕も一回一回のファシリテーションは、参加者と参加者が本気でぶつかりあったり、そこから和解があったり、真剣味のある切磋琢磨ができる場づくりと考えます。なので「空間のととのえ」は大切な儀式でもあるのです。

空間を見れば「あり方」がわかる

　これまでに何百人もの教師と出会ってきました。相談にのったり、研修を受け持ったりもしました。その人の主戦場である教室や図工室や音楽室を見た瞬間に「あぁ、そうか」と、わかることがたくさんあります。そう、空間は「あり方」を示すのです。

　雑ぱくな人は雑ぱくな空間を、几帳面な人は几帳面な空間をつくります。教室に子どもが書いたものやつくった作品をたくさん掲示している教師もいれば、シンプルに教師からの伝達事項のみを掲示する教師もいます。子どもたちが手に取って読んでもらえるとうれしい本を、せっせと並べる教師もいれば、空間づくりそのものを、子どもに委ねている人もいます。いずれも、その人の「あり方」を示していると思います。学級訪問は僕の楽しみでもあります。

　僕が評議員として出入りしている軽井沢風越学園には「ラボ」と呼ばれる空間があります。いわゆる図工室のような場所で、たくさんの工具や画材や道具類がある場所です。風越学園は「子どもの自由」を大切にしている学園ですが、こういう空間を、子どもの自由にさせてしまうと、とたんに荒れてしまったりもします。しかし、この空間を守っている「こぐま」と呼ばれるスタッフは（風越学園ではスタッフのことをニックネームで呼ぶ文化がある）、実にこのラボを、よく保っています。僕は朝早く登校する子どもたちの様子を見るのが好きで、開門時間前に学園に着くことが多いのですが、どれだけ早く行ったとしても、こぐまはそれより前に着陣し、ラボのお掃除をしています。掃除機をかけ、道具類を点検し、空間を清らかにしているように僕には感じられます。ラボには、出入りしている子どもがトンカチで釘を打ってつくった「ラボ神社」なるものがあり、ときどきそこに手を合わせて、お参りをさせて頂きます。1日の安全と、子どもやスタッフの健やかな学びを祈念するのです。

ガラス窓に詩が映えている

　もう一人、僕が風越学園に出入りしていて「この人のあり方に学びたいな」と思うのは「あすこま」と呼ばれているスタッフです。彼は国語が好きすぎて、国語を教えることに命をかけている。何度か授業を拝見しましたが、やわらかく、深く、とても工夫されていて、当代随一のよき教え手だと、感服しています。

　あすこまの主戦場である空間の窓に、「詩」が映えています。窓に文字を書

くことで、青空の日にはそれをバックに、紅葉の季節にはそれを背景に詩に親しむことができるのです。詩は、タイミングを変えて何度も読むことで、違った角度で味わえるもの。日々、背景の変わる窓ガラスに描くことで、ずーっと見ていて飽きない感じもあるのでしょう。子どもたちは、何を思うのかな。この窓ガラスに映えた詩のこと、景色と交えて覚えているのだろうか。

あすこまは、空間を自分のものにしている印象があります。空間に手を入れると、無機質な教室を、あたたかいものに変えることができます。学びを深める要素をちりばめることも、できる。子どもたちへの信頼や愛や姿勢を示すこともできる。まさに「教師のあり方」を示す鏡のようです。

画材の置き方ひとつで

ある公立小学校でのお話。かねてから知り合いだった図工の先生が「うちで対話型鑑賞のファシリテーションをやってくれないか」と依頼してくれました。1枚の絵や1つの彫刻を、皆でじっくりと見て、対話しながら鑑賞してゆく対話型鑑賞は、最近僕が取り組み始めたチャレンジのひとつ。お借りした小学校の図工室は、彼の持ち場です。図工室に入ってみると、目を見開きました。「こんな空間に入ったら、子どもたち、どんどん絵を描きたくなっちゃうじゃないか!」。

所狭しと様々な画材が並べられている。どの画材も「触らせないようにしまってある」のではなく「すぐに手に取れるように並べられている」ので、児童たちが「あれも描きたい」「これも描いてみよう」という気持ちになるような空間になっていて、本当にステキでした。

例えば、僕もよくお世話になっているプロッキーという水性ペン。多くの場所では、10色セットの箱におさめて積んであります。でも、これだと「さぁ描こう」となったときに、いちいち箱から出さないといけない。そういう意味でちょいとハードルがあるのだけど、彼が整えた空間では、ひとつの大きな箱に仕切り板が張ってあって、色んなプロッキーが一覧で見えるようになっています。ワンアクションで「緑と紫と水色を使おう！」と、ものの2秒で各色をゲットできる感じ。これは創作意欲がかき立てられます。この場では「あなたこそ、描き手ですよ。私はあなたの作品を楽しみにしています」という教師のあり方を示しているようです。実際、バックヤードを訪ねると、子どもの作品が所狭しと、それでいて、きちんと整理された状態で保管されています。その保管の有り様に、僕は愛を感じました。どの作品を指さしても「この子はこんな風にこの作品をつくっていて……」とまるで作家のファンのように話してくれます。

あり方は空間にあらわれる

　というわけで、今回は3人の教師の空間を例に、そのあり方を、僕がどう観察したかを書いてみました。教師のあり方は、その持ち場となる空間にあらわれます。逆に言えば、自分のあり方をととのえたければ、まずはその空間から、ということ。今一度、自分が仕事をする空間を見直して、「自分ってどうありたいんだっけな」という点検をするのも、よいかもしれません。その上で「もっと楽しい空間にしよう」とか「もっと美しい空間にしよう」とか「もっと子どもたち自身を作り上げる感じの空間にしよう」などと想い、場づくりをするのも楽しそうです。同じ学校にお勤めの先生仲間同士で「空間ウオッチング」をしても、けっこう発見がありそうです。尊敬する先輩や一目置いている若手教師の空間づくりに学び、自分なりの展開を考えるのも、よさそう。さて僕も、今日の会議室をどうしつらえるか、考えるとしますか。

あおき・まさゆき　1976年生まれ。熊野出身、淡路在住。2003年、青木将幸ファシリテーター事務所を設立。家族会議から国際会議まで様々な話し合いの進行役をつとめる。軽井沢風越学園の評議員として、スタッフの話し合いや研修を定期的に受け持っている。

弱くたっていい──探究する教師のありかたとは?

藤原さと

こたえのない学校 代表

スーパーマンを目指して疲れている教師たち

「教師のありかた」というとみなさんはどのようなイメージを持つだろうか?小学校のとき、中学高校、もしくは大学時代の恩師の姿を思い出すだろうか。教師の中には「誰もが良いと憧れる教師のありかた」というモデルを探し、その姿に近づこうとしている人もいるように見える。しかしそこに落とし穴があるように感じるのは私だけだろうか。

今は、産業構造がダイナミックに変化し、環境問題や各地で起きる戦争・紛争など、課題の複雑さが増している。そのような中で「誰もが憧れるモデル」など可能なのだろうか。「課題解決能力」というが、こうした「課題」を全て解決するようなスーパーマンはどこにも存在しないだろう。

しかし、教師の世界には、なぜかそのような「スーパーマン志向」が垣間見える。求められるのは、ICTも使いこなせ、子どもたちの成績を伸ばすことに長け、学級経営もうまくいき、校務分掌もスピーディに終え、保護者のクレーム対応も上手、いつも機嫌が良く、世の中の動向もおさえており、探究学習もそつなくこなせる……そんな教師像だ。こうした欲求は、意識されているかどうかにかかわらず、管理職のみならず多くの学校教員に根強く残っているように見える。

私は民間企業で働いた期間も長いが、テクノロジーの企業にいたときも、医療の仕事をしていたときも、同僚たちにも上司にも凸凹があって、お互いの得意不得意を補い合いながら仕事をしていた。教師にも得意・不得意があって当然ではないだろうか。これだけ忙しくなってくると、体力のあるなしでもパフォーマンスがだいぶ変わってくる。全てのことをこなせるスーパーマンを目指

すということは学校文化のマチズモ化にほかならない。そうした「強者」を教師のモデルとすることは、強烈なヒドゥン・カリキュラムとして子どもたちに「なんでもこなせる強者たれ」と要求することに繋がってはいないだろうか？

教師だって子どもだって弱くたっていい

　昨年10月、文部科学省は全国の小中学校と高校、それに特別支援学校を対象に不登校やいじめ、自殺などの状況について令和4年度の結果を発表した。小中学校を30日以上欠席した不登校の状態にある子どもは、前の年度から5万4000人余り、率にして22％増え、29万9048人となった。小学生が10万5112人で、10年前の2012年度の5倍に、中学生が19万3936人で、10年前の2倍に増えている。

　こうした数字は、マチズモな学校文化に耐えきれない子が増えてきていることと関係しているように見える。もちろん多くの要求があっても応えられる子はいる。しかし、疲れて心の灯が消えかかっている子たちが教室にいる。不登校の原因のダントツトップは「無気力・不安」で小学校・中学校ともに理由の50％を超えているという。もちろん不登校対策（COCOLOプラン）、自殺対策、いじめ防止などの諸策はある。しかし、この状況は、自ら問題を作り出しておきながら、火消しすることにやっきになっているように見える。

　学校の過大な要求に応えられない子どもたちが苦しんでいる。同時に、教師たちも保護者や行政、管理職からのさまざまな要求に押し潰されそうになっている。結果として子どもたちを受け止める余裕がない。この状況下でそれでも頑張れということにどれだけの合理性があるのだろうか。不登校やいじめの理由はもちろん負荷の大きさだけではないだろうが、「無気力・不安」を感じている子が多いというデータを無視していい理由にはならない。今、必要なのは火消し対策を追加するということではなく、学校が自ら問題を作り出しているその構造と原因を見極め、解消していくことだろう。

　子どもを苦しめている構造は、教師が苦しんでいる構造とパラレルである。精神的・身体的キャパシティーを超えた要求がなされ、教師たちが苦しいとき、その状況にどう向き合うかの姿こそが子どもたちに影響を与える。「苦し

い」「辛い」と声を上げずに、身体や心を壊すまで従順に頑張れば、それは「苦しくても頑張れ」という強烈なメッセージとして子どもたちに届く。

　今、教師たちは人も足りていないのに、行政からの「通達」「通知」「アンケート」、生徒指導、保護者対応、校務分掌、部活も含めた膨大なタスクを机の上に積み上げられ、それが消化できない状況に置かれているように見える。その上で、大学や文科省からのサポートや資金面で何らかの条件が整った自治体の実践だけがほめられたり「先行事例」として持て囃されている。それは、「家庭環境が整い」「体力があり」「情報処理能力があり」「要領の良い」子たちだけが教室でほめられる構造と一緒である。いやいや成績の良い子をそんなにほめていないというかもしれない。しかし、テストを実施し、点数を付与するだけでも、その影響は大きい。

　もはや、教師も子どもたちも、文科省が期待し、要求するほどには強くないと白旗を上げていいのではないか。どれだけほめられようが、無理なものは無理である。根性論だけでは解決できない。私が一時期子育てをしたアメリカのテキサス州では、クラスサイズは22名までとされていた。喧嘩のトラブルや保護者対応をクラス担任が一人で担当するようなことはありえなかった。今年教師たちと訪れたデンマークにはペタゴーという専門職があるが、その仕事内容を聞いた日本の教師たちは「それは私が日常やっていることだ」と唖然としていた。それでも教員デモやストが起きるのが、国際的な常識である。教師が何人もの役割を一人で担わなければならない日本のこの状況は、頑張りのレベルを超えてしまっている。

教師自らが自由のために働きかけ、子どもの心に灯をともすこと

　デンマークの近代教育の父といわれるグルントヴィは、Oplysning（オプリュスニング）という言葉で、一人ひとりが心に灯をともし、その灯で互いに照らし合うことの大切さを訴えた。そして、一人ひとりの灯をともすことこそが教育者の役目であると訴えた。灯をともすという行為の根幹には、誰しも心の中には灯を持っていると本気で思うことがある。だとすると、教師も自分の中に人を照らせるだけの灯を持たねばならないのである。

教師はまずなによりも自分自身の心の灯をメンテナンスしなければならない。もうすこし具体的に言うと、教師こそが、自分の興味・関心、そして資質・能力を探究し、自分を大切にし、弱い自分をも認めていかなければならないのである。自分を大切にできない人は、本当の意味で人を大切にすることはできない。自らを抑圧して頑張っている人は、無意識のうちに他者にそれを求める。

　今の教師たちはさまざまな抑圧によって不自由な状況に置かれているように見える。「自由」はそんなに簡単に手に入るものではない。仕事を辞めてしまえば楽になるかもしれないが、そのようなレベルの話をしているわけではない。「自由」について、ドイツ系ユダヤ人であり、第二次世界大戦時にドイツからアメリカ合衆国に亡命した政治哲学者のハンナ・アーレントは「自由の創設」ということを考えた。つまり「自由」は人から奪い取らなければ手に入らないものではなく、「活動」によって自由を拡大していくことができるのだと言ったのである。仕事を辞めずとも、仕事の中で「自由」を探していくことは可能である。カール・ヤスパース、ヴィクトール・フランクルなどが代表であるが、アウシュビッツ収容のような限界状況に置かれても、自由を見失わないということに対する深い思索がこの時期のユダヤ人思想家にはあるように思う。

　アーレントは、抑圧の中で思考を止めて頑張ることは求めなかった。戦略を持ち、自由のための活動をすることを提案した。今の状況だったら、教師たちが自分たちや子どもたちに要求されている負荷を減らそうと活動したとしたら、それは立派な自由にむけてのプロジェクトだと言ったかもしれない。たとえ一人ひとりの力は決して大きくなくとも、「活動」のために人々の力が結びつくとそれは大きな力となり新しい世界を作っていく。今必要なのは、我慢ではない。ストラテジーと行動力である。そのような営みを続けるうちに、教師一人ひとりの中にも消えかかっていた灯が生まれるかもしれない。

　組織的に大きな運動をせよと言っているのではない。まず自らの灯を大切にしようと決意すること、そして近しい人たちと健全に繋がること。その上で小さくても良いから「活動」をはじめること。もちろん子どもたちと一緒でも良い。そうして一歩を踏み出すと、かならず次の一歩が見えてくるはずだ。見通しがたたず、怖いから先に進むことをはじめから諦めてしまってはならない。まず一歩足を進める。そこから自由への探究がはじまるはずだ。

ふじわら・さと　教育変革を目指す多様な大人が探究する学び場「Learning Creator's Lab」を主宰。海外の探究学習の紹介にも携わる。著書に『協働する探究のデザイン』『「探究」する学びをつくる』(ともに平凡社)等。

学び続ける教師のあり方（Being）って、なんだろう

今回のテーマは、「教師のあり方」。この4巻シリーズで、私たちがいちばん考えてみたかった「ビーイング」です。寄稿者に執筆いただき、また編集委員が語りたいのは、「あるべき」姿ではなく、「あり方」そのもの。外に出ても出なくてもいい、スーパーマンでなくてもいい、不揃いでもいい！「学び続けること」の意味とともに、編集委員が本音で語りました。

■編集委員（学びーイングサポーター）

河口竜行
和洋国府台女子中学校高等学校 教諭（国語）

木村 剛
静岡雙葉中学校・高等学校 教諭（理科・生物）

法貴孝哲
清真学園高等学校・中学校 教諭（数学）

皆川雅樹
産業能率大学経営学部 教授
元私立高校教諭（地理歴史・日本史）

米元洋次
産業能率大学経営学部 准教授
合同会社 Active Learners 共同代表
元私立高校教諭（英語）

安 修平
司会
合同会社りょうゆう出版 代表社員

記事構成：**本郷明美**

32人の多様な寄稿を読んで

安◆「学びとビーイング」第4巻のテーマは「教師のあり方」です。Beingを正面から取り上げるシリーズの総まとめ的な号であり、32人の方に寄稿をお願いしました。教育に携わる、さまざまな方から本当に多様な原稿をいただきました。まず、皆さんの感想をお聞かせください。

法貴◆多くの方が、人との出会いや、何かしらのきっかけがあって進んでいくのだと思いました。背景にあるのは、おそらく「何かしっくり来ない」というモヤモヤ感で、それを頭の片隅に置いていろんなものを見る時、ピンとくるものと出会う。そして加速度的に学びが広がっていくことが、多くの方に共通すると思いました。

河口◆いい意味で皆さん共通して、しっかりふり返って自分のことを書いてくださっています。読みやすい、「入ってくる」文章がとても多かったですね。我々が第1巻から通していたことを踏まえて書いてくださっていて、4巻シリーズにした意味が感じられました。

皆川◆いきなり「教師のあり方」を問う

と、皆さん悩むと思うんです。ただ、河口さんが言うように、1、2、3巻を通して、本質的なところを問いながらの4巻目なので、前号までと対比をしながら「自分を書く」ということをしてくださった。これまでの寄稿を読みながら経験学習のサイクルのようなことがうまくできていることと、自分の中にあるものを出してみようという「心意気」が感じられました。

米元◆「教師である自分」をいったん置いた上で、「私って何者なんだろう」という切り口が多く、興味深く読みました。同時に、「教師って何者なんだろう」「学校って一体何なのだろう」ということに、丁寧に向き合っている言葉が、どなたの原稿にも散りばめられていました。非常に「ビーイング」シリーズらしく、かつ、総まとめの4巻らしいという印象を受けました。

木村◆本当にそうですよね。皆さん赤裸々に、自分を開示していただいているので非常に読みごたえがありました。私も、自分自身のあり方や、「本当に信念を持っているのか？」など、自問自答しながら読みました。印象的だったのは、何人かの方が恩師、師との出会いによって変わったと書いていること。教師というものの存在は大きいとあらためて感じました。現場にいる立場で、目の前にいる生徒、子どもたちを大事にしようと再認識しました。

クローズドな学校から外へ

皆川◆束縛感というのか、学校の独特なパワーは不思議ですよね。

河口◆極端に言えば、子どもたちは「箱」に詰められてるわけですからね。

安◆学校がクローズドというのは、その通りですよね。その「クローズド」をよしとせず、生徒を外とつなげる、また教員自身が外とつながることに価値を見出している原稿が多かったのが印象的でした。

河口◆送り出す子たちは「外」に出ていくわけですから、箱の中だけで通用するだけじゃ困りますよね。箱の中に収まらず、社会、学校外のところとつながりを持たないといけないということでしょう。

皆川◆生徒が外に出たことによって教員も学ぶ、箱の中にいた教員たちが外とつながる。1人の人間として、子どもか大人か関係なく、「外とつながる意味」を教員として考えるという原稿は多かったですよね。

安◆寄稿してくださった中で何人かの方が、「回遊する」「流動する」というような言葉で「教師も動いていきましょう」と書かれています。単純に箱の中から外に出るのではなく、箱そのものを変える場合もあり、特徴的です。ある意味新しい教師像を描かれていると思いました。

皆川◆公立の先生は異動がありますよね。箱から箱へという異動によって、心の変化などはあるんでしょうか。神奈川の公立の先生だった木村さん、どうですか？

教育って、正しさを言い出すと破綻すると思うんです。場所も生徒も違うし、「これが正しい」ということ自体がそもそも違う。先生方がそれぞれ模索し、それを共有しながら、共通項を見出していくのがいちばんいい

ほうき・たかあき
清真学園高等学校・中学校教諭（数学）。東京書籍高校数学教科書編集委員。

木村◆私は初任が定時制高校で大変な経験もしましたが、教師のキャリアを考えた時にいろんな学校を回ることはプラスになると思います。本人の希望が生かされないことも多いのですが、組織としてはずっと代謝しているわけですよね。そこは私立と違う。どちらがいいかは一概に言えないのですが、個人としてやりたいこととのギャップをどう埋めていくか、という課題はありますよね。

皆川◆それはきっと、自分が教師になった理由、教師としてのあり方と関係してくるんでしょうね。どうしてこんなことをしてるんだというジレンマみたいなものが、異動によって生まれることもある。

米元◆公立も私立もそれぞれの良さ、特徴がありますよね。公立は人が代謝する、うまくいけば新しい風が入るのはいいところ。私立は1つのところに長く先生がいることが強みである反面、新しい風が入りにくいというデメリットもある

でしょう。公立でも私立でも「回遊する」、外に出てそれを教育に生かす先生もいるだろうし、逆にそうじゃない先生もいると思います。第2巻で、私の恩師である井上逸兵先生（第2巻 P106）の原稿に「不揃いの教師たち」という言葉がありました。学校というのは、そもそも不揃いの人が集まっているのが自然。外で何かを学んだ先生が教育に生かし、学んだことを自分の職場で撒くことで、外に出ない先生も何か刺激を受ける。外に出ることが現実的に難しい面もあるし、外に出る先生、出ない先生、両方いるのが学校という場ではないかと感じました。

教師のスーパーマン志向

安◆「不揃いの教師たち」というのは、大事ですよね。本誌に登場してくださる先生は、皆さん、熱意のある方ばかりです。ただ、読み手が「こんなすごいことできない」と思ってしまうと困る……実は危ぶんでいるんです。そんなつもりはなくて、「いろんな人がいていい」ということを伝えたいのです。寄稿の中に「スーパーマン志向」という言葉がありました。みんなが立派な教師になろうとして、生徒の目に「立派な教師が人間として理想型」と映ってしまうと、弱い人間がいづらい状況を生むんじゃないか。みんながすばらしくなくたっていいし、年代、ライフステージによって全力でできない時だってある。そういうことも、生徒たち

に伝えてもらうといいなと思うんです。

米元◆本当にそうですよね。この本に書いてある内容はすばらしいけれど、「答え」ではない。ポジティブな意味で、いろんな先生方にとっての刺激になり、議論を呼ぶような「きっかけ」になればいいと思うんです。

河口◆そもそも、学ぶということは別に外に出て学ぶだけではなく、外に出なくても、本当にその職の中で追求していく職人タイプもいていいわけです。

米元◆教員の学校に対しての関わり方も多様だと思うんです。大切なことは二項対立ではなく、いろんな考え方で現場にいる先生方同士が、相互に受け入れ合う、受け止め合うこと、それが前提として大切なんだろうと思いました。

法貴◆教育って、正しさを言い出すと破綻すると思うんです。場所も、生徒も違うし、「これが正しい」ということ自体がそもそも違う。外に出ることが絶対だと言い始めると、破綻してしまう。先生方にはライフワークがあり、家庭があり、それぞれ模索しています。共有しながら、共通項を見出していく中で広がっていくのがいちばんいいと思っています。

河口◆本当にシンプルなところに戻りますよね。学校という単位内での情報共有、コミュニケーションという……。

米元◆本当にそれに尽きるというか、そこ次第じゃないかなと思うんですよね。

安◆コミュニケーションに戻るというとそうなんですが、だから「あり方」の話になるんだと思うんですよね。コミュニケーションというと、「話せばわかる」となってしまいがちなんですが、根底に「あり方」がなければ共通項は見出せないのではないかと思います。

「あり方」と「あるべき姿」

米元◆世の中的な変化という面で言えば、どの先生も、目の前の生徒を見ていれば、以前のようにはいかなくなっていると感じ取るんじゃないかと思うんです。

皆川◆昔は、先生も生徒も、同じ集団にいて「一定の目標に向かって頑張ろう」という社会でした。今は「一人一人どうしていこう」ということを、より意識する社会状況ですよね。だからこそ生徒たちと対峙していると、教師としてあるべき姿ではなく、「自分としてどうしていこう」というところで精神的に参ったりする気がします。もちろん、ブラッシュアップして成長していく先生たちもいるのですが。

河口◆「あるべき姿」と「あり方」……。「あり方」というテーマは、「どうあるべきか」という方向に行きがちですが、安さんの話を聞いていると、今回は「どうあるべきか」だけじゃないですよね。

安◆そうです、そうです。「あるべき姿」を聞いてるわけじゃないんです。

河口◆何と言うか、職場環境や、メンタルを守っていくことだったり、そういうことも全部含まれた言葉なんですよね。

教師の役割が150年前から変わらずここまで来てしまったことが、教師と日本の教育の問題点かもしれないと思います。目の前にいる生徒にアジャストすることを考えたら、自分自身をブラッシュアップしないと授業はできない

きむら・ごう

静岡雙葉中学校・高等学校教諭（理科）。ICT推進室室長。神奈川県学校野外活動研究会理事。

安◆はい。原稿を依頼し、「あり方を書いてください」と言うと、「あるべき姿を書くんだ」と思う方が一定程度いました。「いえ、あなたの『あり方』でいいんですよ」と言うと、「え、いいんですか？」と。そんなやりとりがありました。

皆川◆「あるべき姿」を少し加味するとしても、理想に向かっている、現状の自分を書いてくれればいいんですよね。

安◆ええ、「あるべき姿」でないなら、「じゃあ弱い自分を書くんですか」と言われる方もいましたが、そうじゃない。そういうフィルターを超えての「あり方」なんです。「あるべき」でもなく、「弱さ」でもない、「等身大で自分を見てほしい」という感じなんです。

学び続けるとは？

安◆もう1つのテーマ「学び続ける」の話もしましょう。先輩教師から、また、

セミナーなどで非常に刺激を受けたという原稿が多かったですね。部活動や生徒に学んだという内容もありました。「学び続ける」ことも、とても多様です。学び続けることの意味は何か、どういう行為が学び続けることなんでしょう？

皆川◆みんなきっと、満足できないから学ぶんですよね。もっとできるだろうとか、もっと知りたいとか……。

法貴◆僕の場合は2つ、教科の部分と学級経営があると思っています。教科では、僕が大学院1年で大学の付属校で非常勤講師になった時、数学科主任の先生に言われたことが強く心に残っています。「授業の予習より、自分の研究をしっかりやってください」と言われたんです。研究しているからこそ生徒に教えることができる、生徒にも伝わることがある、と言うんです。自分も学んでいないと大切なところを忘れてしまう。「学び続けることの大事さ」に気づかせてもらいました。

学級経営では、10年ぐらい前、生徒とすごく険悪な雰囲気になったことがありました。要因は、自分に方法論がないので、一度何か起こると、くり返し同じことを強く言うしかないことでした。自分も苦しい、生徒たちも苦しい。「このままじゃだめだ、自分自身が変わらなきゃ」と外に出て学び始めた、という経験があります。

木村◆以前いた高校には、僕が行くずっと前から名物先生がいて、その先生のノー

トが代々伝わっていました。ギャグも毎年一言一句変わらない。そういう授業ができる人は多かったんでしょうが、僕にはできません。いろんなメディアがあり、すぐ調べられる時代になった今、それこそ「教師がどうあるのか」を考えなければならないですよね。教師の役割が150年前から変わらずここまで来てしまったことが、教師と日本の教育の問題点かもしれないと思います。目の前にいる生徒に対してアジャストすることを考えたら、やはり自分自身をブラッシュアップしないと授業はできないと常に思ってます。

河口◆「生徒たちにどうなってほしいか」という根本は変わりませんが、社会はめちゃくちゃ変わるじゃないですか。生徒が出ていく社会が以前と全然違うのですから、やはり教師は学び続けないといけない。世の中がどんどん加速して変わっているのに、20、30年前と同じじゃ全然だめだと思うんです。単純に、僕が考える「学び続ける」というのは、「この子たちが将来どうなってほしいだろう」ということを更新し続けることですね。

時代の変化と共に学び続けるのは必然

安◆河口さんが今、生徒がこうなってほしいっていうのは何ですか？

河口◆「自分でなんとかしてほしい」ということです。20、30年前だったら、まず「なんとかしてもらえる箱に入ってほしい」と、教員はみんな願ったと思う

んです。でも、今は「箱」がなんとかしてくれない。

米元◆まさに「不易流行」という話だと思うんです。自分でなんとかできる力を身につけてほしいというコアな願いは、いつの時代も変わらないものだと思います。同時に、どういう形が「自分の力を身につけた状態で出ていくことなのか」と考えた時、当然社会情勢の変化という条件がついて回る。そこに対応していくためのさまざまなことを学ぶ場をつくるためには、教師は「今」というものをちゃんと理解していないといけないですよね。

木村◆世の中、国が求めている教師像は顕著に変わり続けているわけですよね。それに対して教師たちは、「社会が求めているからというわけではないけれど……」と言いつつ、必要だと思えば、言わずもがなで対応していると思うんです。ただ、それが主体的なのかといえば厳密にはどうなのか。「やってない、学んでない」と

「生徒たちにどうなってほしいか」という根本は変わりませんが、社会はめちゃくちゃ変わる。生徒が出ていく世の中がどんどん加速して変わっているのに、教師が20、30年前と同じじゃ全然だめだと思うんです

かわぐち・たつゆき
和洋国府台女子中学校高等学校教諭（国語）。産業能率大学兼任講師・キャリア教育NPO "JSBN" 運営メンバー。

学んだ後にどんどん生かしていく人もいれば、やはり変えずに前と同じことをやる人もいる。一人一人、人生そのもの、人生歴みたいなところが問われてきます。それはもしかしたら、教師特有なのかもしれない

みながわ・まさき
産業能率大学経営学部教授。博士（歴史学）。
元専修大学附属高校教諭（日本史）。

見えちゃうのかなと思います。

安◆木村さんが言ったように、外から見えにくいところでもありますね。私は、子どもたちと同じく、先生方も「主体的に」学ぶことが大事だと思います。社会の変化に応じて、例えば「ウェルビーイングやSDGsを勉強しなきゃ」というのは、主体的とは言えないわけです。

河口◆教育は相当変わってきたじゃないですか。でも、それって安さんの言うような「主体的に学んで変わっている」わけじゃないですよね。単に外圧で、しょうがないから変わったという人も多いはず。自分から世の中を見たり、生徒を見たりした結果じゃないんですよね。

安◆「目の前に生徒がいて教える」というのは、先生みんなに共通することですよね。だから外圧ではなくそこを基盤にしないと、危ういなという気がします。

木村◆いい悪いじゃなく、時代が変わり、置かれてる状況が変わっているのは事実

です。だから「自分はどうありたいのか」を考えていかないといけない。それは一般企業でも一緒だと思うんです。終身雇用じゃない時代に、「どういう風に自分自身を走らせるか」というところに関わってくるから。それが学校のような閉ざされた世界だから、変化がわかりづらいというところはあるのかもしれない。

米元◆学校というのは、学ぶためのきっかけとなる場だと思うんです。そんな場をつくるために悩む先生もいるだろうし、とりあえずあちこち外を回って仕入れて、実践される先生もいるし、勉強会を開いてみたり、行動を起こす先生方もいるでしょう。多くの先生は社会情勢の変化、目の前の状況が変わり続けていること自体は、気づいているような気がするんですよ。

生徒を「主語」に考える

法貴◆生徒によかれと思って教員がやってみるとそうじゃなかった、ということは繰り返されると思うんです。もちろん教師も悪くはないのだけど、一見「生徒のため」に見えても、実は教師が今の状況に耐え切れないから対処している、ということがかなり多い。忙しい中でやっていると、気づくと生徒を主語にしながら、実は自分を主語にして動いているところがあります。これは生徒にいい影響を及ぼさないですよね。だから今、自分の気持ちで動いているのか、それとも生

徒を見て動いているのかを客観視しなければと思います。生徒を見て、「じゃあどういう風な方法でやろうか」とアプローチをして、その方法が現状で見つからないのであれば、何らかの方法で学ぶという流れになりますよね。

皆川◆法貴さんの話は、生徒を「主語」にして考えれば常にこちらの出し方を変えなくちゃいけない、ニーズにちゃんと応えていかなくちゃいけない、そのために学ばなくちゃいけないっていうことですよね。一方で学校という箱のあり方として守らなくてはいけない部分を、教員それぞれ違う感覚で持っていると思うんです。学んだ後に、それを直接的にどんどん生かしていく人もいれば、「やはりここは大事だ」と変えずに、前と同じことをやる人もいる。まさに一人一人、どの箱にどの状況でいるのかということによっても変わってくる。その人の人生そのもの、人生歴みたいなところが問われてきますよね。それはもしかしたら、教師特有なのかもしれない。「変わらない部分」の意味を受け止めつつも、変えていける先生もいれば変えられない先生もいる。そういう意味で、「学ばない先生はいないのかもしれないが、学んでいても変わらない先生はいる」だろうと、あらためて思いました。

安◆学んでいても変わらない。変えない、変われないというか。

河口◆皆川さんの話を聞いて思ったけれど、教員とその他の仕事との決定的な違

いは、「学校」という同じような世界を自分が小中高生時代に経験しているかどうかなんじゃないでしょうか。その経験を起点に考えて、「こうあるはず」という風に思って職につくことになるから、変わりにくいですよね。だからこそ学び続ける必要があるという話になるのか。

木村◆先日、学校にスタートアップ企業の社長に来ていただいたんです。「高校の楽しさを10としたら、未来はどれくらいになる？ 1.2倍ずつ楽しくなって、それが複利だとしたら、20年後は380になるよ」というような話でした。人生は楽しい、大人になればもっと楽しいよという話はもちろんいいんですが、「10」の限られた世界であっても、その中だからこその楽しさがありますよね。できる限り充実した「10」にするのが我々の役割なのかなと思いました。そして、将来子どもたちが、1.2倍どころか、1.5倍、1.8倍ずつ人生を楽しめるよう

「目の前に生徒がいて教える」というのは、先生みんなに共通することですよね。そこを基盤にしないと、危ういなという気がします

やす・しゅうへい
合同会社りょうゆう出版 代表社員。

にしたい。子どもたちはその可能性を持っているし、そこを伸ばすのが学校という場です。だから、10と380を比べるのには意味はないし、クローズドな学校にも価値はあるんじゃないかと、モヤモヤしています（笑）。

安◆人が成長する姿を見るのが本当に嬉しい、すばらしいという原稿を1〜4巻を通じてよく読みました。先生という仕事は、貴重なかけがえのない仕事であり、だからこそ難しいところもあるし、やりがいもあるんだろうと思います。

4巻シリーズを終えて

米元◆私は、父親が教員、母親は学校の事務職員、学校に行ったら大人は教員しかいないという環境で育ちました。イメージできる社会人が、学校の先生くらいだった気がします。他の選択肢が思い浮かばなかったこともあって先生になったのかもしれないなって今思ったんですね。

ただ、実際に先生になってから、私自身がいろんなことを学ばせてもらって、とにかく楽しかったんです。いろんな出会いに恵まれ、「こんなことを考えてるんだ、こういうことをやってるんだ」という方が周りにたくさんいて、すごく刺激になりました。この本の編集委員として貴重な経験ができたことはご縁だったし、多くの方に刺激を受けた結果だなと思います。ただ1つ、自分が何を大切にしていたかというと、教員だからという

ことに限らず、とにかく目の前のことにより良く取り組もうということ。これに尽きます。とてもシンプルなことで、目の前のことに、自分のできるベストを尽くして丁寧にやろうという延長線上に今があるのかなと思います。ありがとうございました。

皆川◆私も教員になりたかったわけではなく、成り行きだったんです。その話を専修大学附属高校の教員時代、教員が高3の生徒に思いを話すという卒業式前の行事の中で話したんです。すると同僚のある先生に呼び出されて、「教師たるものそんなこと言っちゃだめだ。教師は成り行き上なるもんじゃない、なりたくてなるもんだ」というようなことを言われました。その時ものすごく違和感があった。その後、なぜ自分が教師になったのかと考えた時、私はずっと親に「世の中の役に立つ人間になれ」と言われて育ったんですね。あまり好きではなかったけど、その言葉は頭にあった。そして、教員になる機会に出会った時、「これは世の中の役に立つのかどうか」ということを軸に考え、役に立ちそうだと思ったんです。自分の中の「軸」に合うかという、その延長線上で自分の仕事を考えた時、他に世の中の役に立ちそうだというタイミングと場があればたぶんそちらに行きます。それが私のあり方なんですよね。

法貴◆今日の終盤で考えたのが、そもそも大人と子どもの違いってなんだろうということでした。例えば、自分はいつか

何を大切にしていたかというと、教員だからではなく、とにかく目の前のことにより良く取り組もうということ。これに尽きます。シンプルに、自分のできるベストを尽くして丁寧にやろうという延長線上に今があるのだと思います

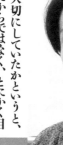

よねもと・ようじ
産業能率大学経営学部准教授。合同会社 Active Learners共同代表。元専修大学附属高校教諭(英語)。

ら大人になったのか、実はまだ子どもなのか。10代、20代の時の自分と今の自分を比べても、根本のところは何も変わってないんじゃないか、などと考えていました。ただ、だからこそ人間っていいんじゃないか、とも思います。「大人はこうあるべき」というのと同じく、教員になった時に「教員はこうあるべき」というのが、暗黙のうちに擦り込まれてしまうと面白くないなと。それが窮屈さを産んだりする要因なのかなと思います。

河口◆私も学校の教師になる気はありませんでした。誰かが学んだことを、誰かに教えてあげる感じがピンときてなかったんだと思うんです。先生が、これを勉強しなきゃ、覚えなきゃと押しつけて来る。それこそ「こうあるべきだ」とか言われるのに対して疑問を持っていました。「自分で考えてやればいいじゃないか」と思っていたんです。だから、結局「自分で考えてもらう」授業ばっかりやってきたのかと思います。子どもの頃、仕事は、書類相手、人間相手、機械相手、僕の中でシンプルに3択でした。初めは数学、物理大好きだったので機械が良くて、そのうち、機械より人間相手がいいと思うようになりました。教員以外だったら、何かのコーチをやっていたかもしれません。とにかく人間相手がいい、という人生ですね。

木村◆色々考えましたが、「10」と「380」の話でまだモヤモヤしています(笑)。生徒の成長を見ていくことって、本当に教師冥利に尽きますよね。今年、軽音楽部の同窓会があって、ライブハウスを借り切って演奏したんです。成長した生徒たちと、また会える嬉しさは、他の職業では絶対あり得ないことです。自分の一生懸命やったことがお金や数字じゃなくて返ってくる面白さと言いますか。「10を100にできるための10」とはどうなのかを追求したいなと、あらためて思いました。ありがとうございました。

安◆何回か転職しているうちに前職の会社にたどり着き、教育関係の本をつくる機会があり、皆さんと出会った。小中高と学校はあまり好きでなかったのですが、仕事を続けているうちに「中にいる人たち」、先生や生徒の皆さんには、面白い人がたくさんいるということを知った。もっと知りたいし、たくさんの方に知っていただきたい。ぐるっと回っていい経験、面白い経験をさせていただいています。本当にありがとうございます。

河口竜行の国語 現代文 B

すべてを「対話型」で進める国語
インプロ授業を例として

『学びとビーイング』の編集委員・編著者は、実際はどんな授業をして
いるの？　そこにはどんな狙いがあるの？　そんな読者の声にお応えし
ました。今回は、河口竜行編集委員の「国語・現代文 B」を見学します。

■見学した授業　見学日：2023年11月18日

教科	国語（「現代文 B」3単位）
実施クラス	高校3年 D組「進学コース」文系クラス　女子32名
クラスの様子	全校的な傾向として素直でおとなしい生徒が多い。このクラスでも4月当初、同様の印象を受けた。国語を含め学力に自信のない生徒が多い。授業に関しては真面目に取り組み、授業中の指示に対しても真摯に対応する。

• 基本的な学習の流れ

設営	机を両脇に寄せ、椅子をシアター形式に並べる（5分）
インプロ実施	授業者が抽選で2名を選ぶ。指名された2名は授業者の提示する役割になって2分間を即興で演じる（40分）
本時の振り返り	振り返りシート記入（5分）

• クラス編制の説明

　　　高校では、生徒は入学時から「和洋コース」「進学コース」「特進コース」の3コースに分かれて所属する。
　・「和洋コース」は、「高大7年一貫」という、和洋女子大と同キャンパスである利点を生かすシステムである。高校生のあいだに、大学の特定の授業の中から選択して履修し、単位を取得することができる。従来の大学受験のハードルがないこともあり、探究的な学習が充実している。
　・「進学コース」は、クラスが文理に分かれており、総合型・推薦・一般の各種入試を経て、希望の進路へ進学していくことを目指すコースである。和洋女子大学を希望して進学する生徒も少数いる。
　・「特進コース」は、今年度は文理混成のクラスで、授業の多くは文理別の少人数に分かれての履修となっている。一般入試を目指す生徒が多いが、総合型や推薦等の入試を受ける生徒もいる。

• 授業実施クラスの受験状況

　　　参観授業実施の11月18日には合格発表前の生徒もいたが、12月末現在では、AO入試合格1名、指定校推薦入試合格9名、総合型入試合格16名、内部推薦入学（和洋女子大）2名となっている。一般入試にチャレンジする生徒はすでに総合型に合格した生徒を含めて5名である。ここまでの合計数が在籍よりも多いのは、一般入試を受ける場合があるためである。

◆和洋国府台女子中学校高等学校

千葉県市川市国府台に1947年に創立された和洋女子大学の附属校。創立以来125年以上にわたり「女性の自立」を目指して女子教育を続ける和洋学園の中等教育を担う。中学は各学年3~4クラス、高校は7~8クラスで、高校は和洋女子大学への進学が保障される和洋コース（高大連携コース・2020年設置）、進学コース、特進コースの3つに分かれている。内部進学率は約30%となっているが、近年は看護、福祉系学科の人気の高まりとともに和洋コースが注目されている。和洋女子大学と同じ敷地となるキャンパスは広く、施設設備も充実している。

受けとる自信と発する勇気
インプロを行った経緯と手順解説

河口竜行

和洋国府台女子中学校高等学校 教諭

　以前から授業は基本的にすべて「対話型」で行っている。生徒たちは、探究学習の経験はあるにせよ、対話型授業には慣れていないところからのスタートである。よって今年度は特に、授業の趣旨の説明を常に丁寧に行いながら、また毎回の「対話の練習」(詳しくは本シリーズ1、2巻の私の連載「教員と生徒のアクティブビーイングとは」をご参照ください)を行いながら授業を進めていくよう留意した。

　グループは扱うテキストごとにメンバーを変える。当初は4名、慣れてくるにしたがって6名にした。メンバーの変わるときでなくても、毎時間、自己紹介を行った。生徒たちがグループ内での自己紹介や短いスピーチを通して、話すこと・聴くことに少しずつ習熟していくのを感じることができた。

　いくつかのジャンルのテキストを扱いながら授業を進めていくうち、生徒たちが、私が当初予想していたのに近い状況であることがわかってきた。その一つは、自分の考えや答えに自信がないことにより、それらを発言に結びつけることができていないということ。もう一つは、授業や読書を含む生活体験の中ですでに触れているはずのことばについても、各自の語彙が追いついていない、ということであった。ただ論理的・情緒的な面で、テキストを適切に読みとる力は一定以上あることもわかってきた。

　自信のないことで発言したり質問したりできないことについては、対話の練習の積み重ねの中で、安心して自分の考えを述べられるように促していく。語彙については、机に向かいテキストとノートを使って「勉強」しているとき以外の時間、つまり普段の生活の中で、疑問をもったりまたその疑問を解決しようと試みたりする習慣が足りないことが原因となっているだろう。そしてその背景に「これは自分には理解できない事柄だ」という、結局のところ自信の不足がある、ということに思い至った。そこで、テキストを読む授業のほかにも、自分の考えを文章にしたり、それをグループやクラスで共有したりという活動を増やすことを意識した。

　9月には、自分が進学先で学びたいことと、それを学びたいと思うようになった具体的なきっかけ(できごと)についての文章を書き、その後それをベースにスライドを作り3分間のプレゼンテーションをするという活動を行った。ここでは、「自分の志望への意志が確認できた」また「みんなの前で発表する自

信がついた」という感想が、多くの生徒から出た。また、「クラスメイトの今後の学びへの真剣な態度が、良い刺激になった」など、前向きな感想が集まった。生徒たちの半年あまりの順調な変化を見て、11月にはいよいよインプロを実施することにした。受けとる自信と発する勇気が伸びれば、生徒たちの読み、書き、聴き、話す力に良い影響が出るという確信もあった。

　インプロとは、演劇・音楽・アートなどの芸術分野における表現技法の一つである。台本なしで、演者がその場で創作して演じることで、思考と創作が同時に行われるのが特徴である。なぜインプロを体験する機会を作るのか。これを丁寧に生徒に説明するところから始めた。

　ここでは、今井純氏の『自由になるのは大変なのだ』（論創社、2005年）での解説が非常に明快なので、それを引用として生徒に示しつつ説明した。ここでもその一部を引用する。

「日常生活に密接したインプロの要素」（『自由になるのは大変なのだ』p.17より）

「他の人からどう思われるだろう？」「うまくいかなかったら、どうしよう？」「自分はダメな人間じゃないか？」「自分は人として間違っているのかもしれない」「非難されるかもしれない」……。ぼくたちは恐れにとらわれ、ビクビク縮こまり、本当の自分でいられなくなっている。かろうじて成立している今の自分の存在をなんとかして守るために、他者を拒絶し、外からの提案を否定して壁を築いたり、他者に対して攻撃的になったり……。影響されないように、今の自分を守っている。変化や新しいことや失敗を恐れ、どうでもいいことに時間を費やし、自分にとって本当に大切なことからは無意識に逃げている。しかし、影響され、変化しなければ、成長はしない。成長しなければ、自分の現実は変わらない。

　（中略）

「自分の思いを的確に表現する」「他者を受け入れる」「ポジティブに考える」「失敗を恐れない」「常識にとらわれない」「変化を起こす」「独特の個性や発想を活かす」「論理的に考える」「一瞬一瞬を大事にする」「他者の意図を汲み取る」「仲間と楽しむ」「自分を認める」……。現代社会で生きていくうえで身に付けていくべき要素が、インプロには凝縮されている。誰だって、他人を受け入れるのが大切なのはわかっている。ポジティブに考えるべきなのも、度胸や信頼が大事なのもわかっている。誰だって自分をもっと表現したい。コミュニケーションや常識にとらわれない感性の重要性が、教育関係者やビジネスマン向けの多くの著書やテレビで訴えられている。しかし、いくら、頭でわかっていても実行できないのでは意味がない。トレーニングが必要だ。自分のものとしてマスターするには、繰り返し経験する必要がある。

　（中略）

即興演技では自由でなければならない。そして「自分を信頼し、相手を信頼すること」が不可欠である。自由＝ありのままの自分。他の誰にもない魅力や独特の世界や限りな

い可能性が、ありのままの自分にはある。しかし、「恐怖」があるから、ありのままの自分になれない。「恐怖」があるから、他人とつながることができない。「恐怖」があるから、エキサイティングで素晴らしい展開に向かっていけない。「自由」の反対語は「恐怖」である。「恐怖」を取り除き、いかに「自由」になるかが、即興演技をする際の一番のポイントである。

これまでの授業の流れと生徒の振り返り

インプロの授業は、全体を6コマ構成とした。

1. インプロとは・インプロを行う意義等の解説・ほめほめワーク

5〜6名のグループで、1分間ずつ、順番にみんなで1人をほめ続ける。ほめられたほうは、「いえいえ」と言ったり思ったりせず、「ありがとう」と受けとる。

2. なりきりインタビュー

お話（今回は桃太郎）の登場キャラクターになりきって、別のグループからの質問に答える。

3. ワンワード

クラス全員が一つの輪を作って椅子に座り順番に一語（文節ごと、またはもう少し長くてもよい）ずつ言って、一続きの文を作る。5名程度からクラス全員まで徐々に人数を増やしていく。

4. グループ内でインプロ練習

10名程度のグループ内で、抽選で2人組を作り、2人の会話という形で2分間ずつインプロを行う。2人の役割は、大まかなものを授業者が提示する。

5. クラスでインプロ練習（今回、見学に来ていただいた授業）

抽選でペアを決め、順に前に出て、授業者の提示する具体的役割に従い2分間ずつインプロを行う。

6. クラスでインプロ実施

メンバー4名は抽選で決める。大まかな舞台設定（「夏」「旅行」等）のみ抽選で決めて、4人で3分間、自由に行う。

授業終了後は、必ず振り返りの時間を設けた。各授業後の生徒の振り返りの一部を紹介する。

1. ●みんながほめてくれて純粋に嬉しかったし、「そう思われていたのか」と気づけた。●素直にほめることに慣れていないことに気づいた。相手の良さに気づいたらすぐにほめようと思った。

2. ●キャラクターになりきって質問に答えようと思っても、素の自分が出てしまうことがあり難しかった。●想像でしか答えられないので 想像力がついたような気

がする。

3. ●これを極めれば 臨機応変に対応する力がつきそうだと思った。●前の人たちの言うことをしっかり聞いていないとできないので、難しかった。●先が予想できない楽しさがあった。

4／5／6. ●自分以外の人物になりきることは難しかったが、他の人を見て、なりきれていてすごいなと思った。●上手な人はとても楽しそうで、見ているほうも楽しめた。日ごろの人柄が出るなと思った。●上手な人たちは会話のキャッチボールとアイコンタクトができていた。●順番がまわってくるまでは緊張したが、やってみたら楽しくできた。●最初は自分には難しすぎると思っていたが、その場になれば意外にできるんだなと自信がついた。

今回インプロを実施して

　今回の企画においては、当初の目標には到達できたように思う。クラス全体の前で話すということへの抵抗は減り、自信をもって発言できるようになったという生徒たちの振り返りには、十分に実感が伴っていたと考えている。

　原稿を十分に準備し、練習をしてからスピーチやプレゼンテーションをする経験はもちろん大切である。ただ、そこで余計な緊張をしたり、表現が遠慮がちになってしまったりするのは、なにか予定にないことが起きたらどうしよう、という気持ちが働くからである。多少のことはなんとかできるという自信があれば、発信することを楽しめるようになる。

　これは「発表」という場に立つときに限っての話ではなく、日常の授業でのグループワークにおいても同様である。自分の答えは間違っているのではないか、自分の意見を述べたら悪く思われるのではないか、という心理から脱してやり取りをすることができれば、率直な対話によって自分だけでは思い至らない新しい考えが生まれることを実感できるはずである。

　さらには、自分で読書するときや授業でテキストを読むとき、また読解問題を解くときに、目の前にあるこの文章は自分にとって十分に理解・把握が可能なのだという確信をもつことによって、文章に「近づいて」「自分ごととして」読めるようになるのだと私は考える。

　一定の成果は残せたと考えている今回のインプロを経て、いま興味をもっているのは演劇を取り入れる授業である。まだ学ぶべきことは多く、また年齢的なことも含め今後どれだけ授業ができるのかはわからないが（笑）、自分なりに探究を続けたいと思っている。

【 受け取る壁、外に出す壁、「壁」を本当に取っ払う! 】

河口◆4月からの約半年で、生徒たちはグループで話し合うことができるようになり、新鮮ないい文章を書くようになりました。プレゼンも上手なのですが、自分の書いた文章を「読んでいる」のがもったいない。そこで、「次はインプロだ!」と思ったのが1カ月前のことです。現代文というのは筆者、出題者との対話です。受け取るときの壁、読み取って、思ったことを外に出すときの壁、その「壁」を取っ払う授業を半年続けました。そして「本当に取っ払うとこうなる」というのが今日の授業です。インプロを重ねるうち、生徒たちはどんどん慣れてきました。

米元◆インプロをすることで壁を「取っ払う」、その狙いはなんですか?

河口◆「わからない」と感じたことを口に出せるようになってほしいんです。

米元◆生徒がテストの点数を隠すことをやめてほしいと、前からおっしゃっていた。それに近いのかな?

河口◆まさにそうです。テストの角を折

るんじゃない、と。なので、真ん中に点数を書いたりもしました(笑)。それから、間違えた答えを隠さない。これをやめないと勉強は進みません。国語は「自分はこう考えたからこう書いた」と言える教科。先生や友だちに読ませる前提で答えを書いてほしい。ただし自分の心の中をすべて出せと言うわけではなく、出せる前提の「自分のライン」をちゃんと引けるようにする。親友になら昨日お父さんとケンカしたことを話すけど、クラスのみんなにはそこまで言わない。そのラインが引けるようになることは、国語の勉強にとってとても良いと考えています。今日のインプロでも、上手そうに見えて実は役割の表面だけなぞる子と、工夫して違う世界に踏み込もうと、展開させる意欲をちゃんと出している子がいます。

木村◆「幽霊と日本人」「ゾウとライオン」「魚屋さんとイセエビ」など、お題がとてもおもしろい。どう決めたんですか?

河口◆自分の持ちネタに、新たに考えたネタを加えました。ちょうどいい難しさ、盛り上がり、楽しく、ストレスがなさそうというのが条件です。

木村◆「幽霊」役の子、良かったですね。「なんか死んじゃったみたい」と(笑)。

河口◆意外な子がうまかったりします。

皆川◆ペアは完全にランダムですか?

河口◆基本はランダムですが、実は数人、組む相手や、順番を考えて介入した組もあります。ちょっと配慮が必要な子に

は、受け止めてくれる生徒を組み合わせたり。

安◆点数も、間違った答えもお互いに見せられる、今日の目標の一つもそこにあるということですね?

河口◆そうです。台本がないからミスもNGもない。失敗もない。全員「できた」というだけで大成功。良し悪しも一切ないと説明してあります。日本の小中高生って、先生に「当ててほしくない」のが常識ですよね。理由は簡単で、知らなかったり、間違えたら恥ずかしいという空気があるから。これをやめたら、みんな成績が上がると思うんです。

木村◆正解主義が問題なのか、自分のことを表現できないことが問題なのか。

河口◆入り混じってる感じですよね。

法貴◆何か意見を言ったら、あとから反対意見がたくさん出て来て恥ずかしかったという体験から、「何も言わないほうが平和だよね」という子がとても多いです。

安◆今日のインプロのように、誰からも否定されず受け入れられるんだと身体を通してわかってくれば、みんな話せるようになりますよね。社会全体がそうなればいいのですけれど。

【 「男性」が多いのは、
演じやすさか刷り込みか 】

皆川◆役の「男性率」が高かったですよね。幽霊も、「10年家出をして帰って来た30歳」も「僕は」となる。どうしてみんな男性になりたがるんですか?

河口◆それは考えていませんでした。男性とも女性とも書いてないんですが……どうしてでしょうね。気が楽なのかな。

皆川◆私は気が楽なんだろうと思いました。自分じゃない存在、同性より異性になったほうが気楽に演じられる。

米元◆男女のステレオタイプみたいなものもある程度反映されるでしょうし、自分から切り離す、自分から遠いものを演じたい、両方あるのかもしれませんね。

皆川◆男の子のほうが、男女意識を持たないでやるかもしれませんね。

木村◆私は社会経験がにじみ出ていると感じました。例えば花の名前や、予算を伝えて花束を頼むこと……その子の生きて来た家庭や環境が出るなと思いました。

米元◆インプロの最中、河口さんが、流れを切って介入する場面があるとしたら、どういうときでしょうか?

河口◆今日に関しては、いじめのようなことでも起きない限り何も言わないつもりでいました。けれど、前回までは介入し、2つの基本を伝えました。相手が「ゴジラが出て来た」と言っているのに「ゴジラじゃない」はやめよう。相手の言うことを否定しない。次に、相手に「それって何? どうするの?」と全部委ねないで「自分も作ろう」という2つです。今日は何も言わず、見ても聞いてもいない体で見ていました。

米元◆今日、生徒さんの一人に声をかけて、「どういうことを学べると思う?」と聞いたんです。一つは「自分と向き合い、

自分が何を考えてるか気づける」。それから「他の人の価値観に触れられる」と。

河口◆いい子に声をかけてくれました（笑）。終了後に振り返りを書いてもらっているのですが、みんな素直なのか、似たような感想が多い傾向があります。

皆川◆振り返りの聞き方、視点をいくつか設けると、生徒の書き方が変わってくるかもしれませんね。

河口◆なるほど。最後の総合的な授業のときは、項目を作ったり、もう少し角度を変えて聞いてみようと思います。

法貴◆それと、振り返りを時間内で書かなきゃいけないと思うと、手を動かすことに集中しちゃうのかもしれません。

皆川◆たしかに。その場で書くんだったら1、2行くらいにして、あとでGoogleクラスルームなどを使って入力してもらうのもいいかもしれません。

米元◆生徒たちの反応を踏まえて、インプロの次に何をするか考えていますか？

河口◆生徒たちにきちんと説明して、インプロとつながっていると実感する、文章を読む授業をしたいと考えています。

米元◆インプロは表面的なアクティビティではなく、その先に何があるか、どんな力を養おうとしてるのか、というところを河口さんがきちんと補完されるんですよね。生徒たちもそれを理解し、どう学びと結びつけるかを考えている。河口さんは、インプロと学びを有機的に結びつけていると思います。

法貴◆河口さんが、インプロの授業に至るまでの経緯を聞きたいです。

河口◆私は長年、「生徒に何かやってあげたら、本人たちの力にならない」と思っていました。ところが、15年くらい前、グループワーク一つとっても自分の中と外をうまくつなぐことができない生徒が非常に多いことに問題意識を持ったんです。どうしたらいいか考えていたところ、コーチングを知り、「なんだ、あった」と（笑）。2008年から学び始め、その年の4月からは現代文をすべてグループワークにしました。インプロもその一つです。生徒が自分から発信することで、受信の形が変わると確信しました。

　即効性は求めてないんですが、インプロは意外にすぐ普段の行動につながりが出てきます。授業の様子、グループの話し合いを見ていると、インプロの授業を重ねるごとに大きく変わったと感じます。決まりも台本もない中、今日、このみなさんを含む人前に立ってできたことで、今後のグループワークも、一人で筆者と相対するときも、生徒が必ず変わってくれていると思っています。

授業後ディスカッション構成：本郷明美

徒然!?教育4コマ劇場

めがね先生の学校のシンソウ日記④

福岡市立中学校 教諭
技術科

辻 さやか

教員として、人間として、Beingを探す旅の途中。

思わずハマる教材研究

定時退校日

この仕事は年を経るごとに楽になる。なぜなら

この単元は去年もやったからできるから……使いまわしで……

しかし実際は

このクラスでこの発問は盛り上がるな。

あのクラスなりあの子がこう反応するからこの辺をこうアレンジして……

てかこの単元本当にこれでいいのか？

この授業作ったヤツ下手やのう

↙去年の授業を作ったヒト 呼んだ？

早く帰ってくださーい。

よし！つくり直すか！

結局こうなる……

↑教頭

156

長期休暇中の先生

髪の色が明るくなる

ついでに服装もカジュアルに

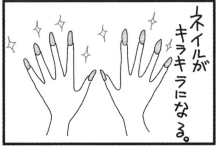

ネイルがキラキラになる。

家族には仕事と言っといて

実はお休みとってカフェで自由時間

何ひとつ悪い事はしてないが見たことがある子どもの集団から

サッ

全力で隠れる

めがね先生から
ひとこと

子どもたちの「できた！」「分かった！」って顔を見られるのが、教師のいちばんの魅力。そのために時間を忘れて教材研究に励む先生がたくさんいます。一方、夏休みなどは「教師」の顔を外してリフレッシュ。このメリハリが「愉快に働く先生」の秘訣なのかもしれません。

つじ・さやか　先生が楽しそうだと子どもは安心します。笑う門には福来る。愉快に働く先生を増やしたくて、マンガを描いています。

人生100年時代
還暦からの教員生活のために ──

若手とコラボするUNLEARNの勧め

和田美千代

福岡大学人文学部 教育・臨床心理学科教授

1 校長宣言「ドリカムで行く」

「城南高校は、私学との厳しい競合の中で、国公立大学に合格する県立高校として地域の信頼を得ることによって生き残る。ついては、今1年生がやっているドリカムプランを全校で進めていく」。平成6（1994）年度末の職員会議で、倉員校長先生はこう所信表明をされた。いや、所信表明というよりも宣言に近かった。この時、倉員校長は59歳、あと1年で定年退職という年齢だった。

平成6年10月末にドリカムプランを立ち上げたばかり、まだ4ヵ月たったか？という時期だった。当の1年生の担任団には何も事前には知らされていなかったので、1年学年団全員が驚いた。

この校長宣言によって、ドリカムプランは1学年だけの単発的なプロジェクトではなく、全校で組織的に取り組み継続していくものとなった。校長はその方針を次年度の人事配置で「見える化」し、当時の1年学年主任は進路指導主事になり、副学年主任だった私はドリカム1期生の学年主任となった。進路指導主事は36歳、学年主任の私は35歳だった。

2 「城南ドリカムプラン」とは

いきなり30年前の話で始まって面食らった方も多いに違いない。ドリカムプランとは、平成6年度に福岡県立城南高校1学年担任団が始めた生徒主体の進路学習プロジェクトである。「高校生活は将来の自己実現のためにある」との考えのもと、1学年10クラスの生徒たちをミックスホームルーム形式にして進路志望別グループを組織し、生徒自身による進路探索を開始した。進学したら何が学べるのかを知るための大学のシラバスの探索、オープンキャンパス参加、職業人講演会、大学の先生による学部ごとの学問入門出前講座、自分の

将来のために役立ちそうなドリカム活動等、生徒の潜在的ニーズを開拓して形にしていった。生徒たち自身が将来どうするのか考えるきっかけとなるような見えない仕掛けと、それを組織的に進めていく指導体制を学年進行でつくっていった訳である。

　それまで、ほとんどの進学校で進路選択といえば、自分の「偏差値」に見合った大学学部を選んでいたと思う。そうではなくて、自分のなりたい将来像を考え、それを実現するために、どこの学部学科に進むべきかということを体験も含めて探索してみるという言わば自分の「志望値」による学部学科選択へと高校生が向かい始めたのである。ドリカムプランは一言で言えば「教師主導の進学指導から生徒主体の進路学習へ」のモデルチェンジであった。ドリカム1期生が爆発的な進路実績を出したこと、ちょうど中教審に登場した「総合的な学習の時間」の先進事例と目されたこと等により、全国的注目を集めることとなった。が、それは結果論であって、ドリカムプラン開始4ヵ月、倉員校長が「ドリカムで行く」と宣言された頃はまだ海のものとも山のものともつかないプロジェクトだった。

3　学年団の二人の長老

　城南高校ドリカムプラン開始の翌年度から3年連続して、30代、40代前半の主任、主事が入ったことにより校務運営委員会は一挙に若返ったし、それは職員室全体の士気にも影響した。若手の学校運営参画意識が高まったとでも言えばよいだろうか。しかしながら、50代ばかりの運営委員会の中に入った30代しかも女性は一人という私としては、初めての学年主任という大役は緊張と不安の連続であった。そんな私を支えてくださった二人の先生がいる。

　一人は三野先生。保健体育科、九州ラグビー協会の会長もしておられた。副担任であったが、学年団の長老として、人を動かすための知恵をいろいろと教えていただいた。お嬢さんがちょうど大学受験ということもあり、ドリカム1期生が大学情報を提供する大学入試センターのハートシステムで学部学科検索をする際、ご自身もお嬢さんのためにと嬉々として検索しておられた。当時55歳だったと記憶する。

　もう一人は瀬口先生。保健体育科、陸上競技が専門で毎年生徒を全国大会に送り出していた。その選手に対する声掛けがすごかった。普通の選手の耳元に「お前は日の丸を背負える。オリンピックに行こう」などとささやく、いやホラを吹くのである。自分でもホラ吹きを自称されていたが、ささやかれた生徒はだんだん夢を見るというかその気になるというか、今で言うモチベーション

が爆上がりして、成績もついてくるのである。ご自身は自己啓発本を読むのが趣味で成功哲学を研究しては実践されていた。この瀬口先生が熱烈にドリカムプランを支持してくださって、何度励ましていただいたかわからない。その励ましがまた明るく面白いのでこちらも調子に乗って頑張ってしまう。56歳にしてドリカム二期生の担任になられた。

4　歴史は繰り返す

　ドリカムプラン開始から24年後の平成30（2018）年4月、私は城南高校の24代目の校長として着任した。58歳になっていた。24年の間、城南高校のドリカムプランは紆余曲折を経つつも発展的に続いていた。平成8年には理数コースが設置され、そこを核として、平成22年度からSSH（スーパーサイエンススクール）の指定を二期連続で受けていて、平成30年当時は2年生全員で取り組む学校設定科目「ESD課題研究」がドリカムプランの中心であった。

　翌年の2月に1年間の研究成果を披露する「ESD課題研究発表会」が行われた。2年生は80班に分かれ、各班の全員が発表する。私はその中でも、ものすごく出来のいい10班を各分野担当の先生方から推薦され、その班の発表を見つつ、それ以外の班も見て回りながら、不思議な既視感に襲われていた。出来のいい班もあれば拙い班もあるけれど、生徒それぞれが自分たちなりの課題を発見し、その研究の成果を一生懸命まとめ、発表している。先生方がそれをしっかり支えている。それを見て回りながら「なかなかやるねえ、あの頃もこんな風だったなあ」と思ったのである。

　あの頃とは、自分たちがドリカムプランを一生懸命手作りしていた頃のことである。若手の自分たちは30代、「ドリカムで行こう」と若手の私たちを支持し全面的に応援してくださった校長先生は定年退職直前で、今度は自分が当時の倉員校長と同じ年齢、同じ立場になっている。

　「総合的な学習の時間」（以下、総学）に関して、全国的な発表会を見に行ったりすると、どこの学校の内容も素晴らしいのであるが「他校も良いけど、ウチはウチで独自に発達していけばいい」と思える充実した内容であった。

　とは言え、総学を長年担当した私としては、やはり「ここをこうしたら」という思いがあって、学年の担当者を何人か呼んで、そのことを言った。そうすると担当の先生の一人から遠慮がちに言葉を選びながらも、こう反論された。「和田校長、それを変えたら、目標が変わってしまいます。自分たちは生徒にどんな力をつけたいのか徹底的に考えて、このプログラムをやっているんです」。脱帽だった。その姿は「こんな力を生徒につけたい」とドリカムプラン

を創っていた頃の私たちの姿と全く同じだったのである。その多くが30代で、きらきらまぶしいくらいに輝いている。もう私は嬉しくて嬉しくて老兵は消え去るのみ、喜んで消え去ろう、老兵が消え去れることは実に嬉しいことだと心から思ったのである。

5　アンラーンは若手と共に

　ドリカムプランを企画した、あの頃の若手の自分たちは30代。「ドリカムで行こう」と若手の私たちを支持し全面的に応援してくださった校長先生は60歳定年退職直前。自分があの時の倉員校長と同じ立場になり、若手たちと共に働いてみると、わかることがあった。

　それは、校長先生や三野先生、瀬口先生たちは、若手のやることに賭けてくれたんだなということである。いつの時代もプランは若手が創る。創る30代とそれを支持応援する50代。私も総学を創ってきた身としては、現状に対して「ああしたい、こうしたら」と思うけれども、30代の先生方のアイデアと60歳の私のアイデアを比べると、そこは30代の先生方のアイデアの方が未来的には正しいし、若手には勢いも力も時間もある。だからこそ、当時の校長先生たちも「若手の言うことに乗ろう」と決断されたのだと思う。

　ドリカムを始めた当時「今の1年生がやっているドリカムを全校でやる」と言ってくれた校長先生のお陰でドリカムプランは組織的な動きとなり、今日まで発展的に続いている。あの頃、実は校長先生も城南高校の未来をどうしていけばいいのか、迷われていたのだと校長職を経験した今だから思う（倉員校長、間違っていたらすみません）。これからどうすべきか、この変化の激しい時代にどう変わっていくべきなのか？　そこにちょうど若手たちが若手たちなりに模索し、やろうとしているドリカムプランがあり、自分も一緒にやってみよう！と思われての決断だったのだと思う。

　UNLEARN（アンラーン）という言葉をよく耳にするようになった。アンラーンとは「今まで積み上げてきた知識や経験、実績、思考の枠組みを、新たなステージに立った際に一旦ゼロに戻して学び直すこと」である。

　コロナ禍を経験して、私たちの価値観、思考の枠組みが変わり始めたことは誰もが感じていることだろう。ベテランの域の先生は自分たちがやってきた成功神話が通じないし、中堅の先生方は、これまでのやり方のままでいいのだろうかと不安が大きいと思う。特に学校現場ではGIGAスクール構想による小中学校の1人1台端末の導入があり、学校にノート（帳面）と鉛筆が登場して以来の変化が起きている。ICTだ、生成系AIだ、ARだVRだと、何のことか

さえよくわからないのに、使いこなすことが求められている。「今まで積み上げてきたことが通用せず、一旦ゼロに戻して学び直す」UNLEARNに迫られているのである。

前号の「『助けて』と言えるリーダーシップ」で、「わからないことはわからないと言って、周りに助けを求めよう」と書いた。今回は、若手とコラボするUNLEARNをお勧めしたい。

誰にも先は見通せない。「予測不可能な未来」をどう進んでいくかは、自分たちで主体的・協働的に創っていくしかないのだ。その時に若手の、特に30代はとても頼もしいと思う。荒削りで向こう見ずだが、50代のベテラン勢より、彼らのアイデア、感覚、センスの方が、未来に近い。ベテラン勢のするべきことは、彼らの意見に耳を傾け、彼らの想いを形にするための応援団として助力をし、彼らと共にUNLEARNすることだと思う。

学年団の長老格で若手たちの知恵袋だった三野先生、瀬口先生は同じ年に定年退職された。「若手と一緒にドリカムをやって、ワクワクしました」。三野先生の退職のありがたい挨拶であった。

若手たちを信じて、彼らと共に、学び直す。人生100年時代の教師の姿であると思う。

（了）

ドリカムプランのスタートと再会

1983年（23歳）	福岡県立高校の教員としてキャリアスタート。
1994年（34歳）	福岡県立城南高校で高1対象にドリカムプランを始める。
1995年（35歳）	校長による突然のドリカムプラン全学年実施。高2（ドリカム1期生）の学年主任に。
〜	県教委事務局、城南高校、筑紫丘高校、修猷館高校、早良高校を経て、県教育センター部長、県教委高校教育課主幹など歴任。
2018年（58歳）	福岡県立城南高校校長に着任。進化発展したドリカムプランと再会。年度末、「ESD課題研究」担当者に脱帽する。
2020年（60歳）	福岡県職員を定年退職。

わだ・みちよ

1960年福岡県生まれ。元福岡県立高校国語科教員。福岡県立城南高校教諭時代に生徒主体の進路学習「ドリカムプラン」を企画開発、キャリア教育の先進事例として全国的注目を浴びる。福岡県教育センター在職時にアクティブラーニング普及啓発。文部科学大臣全国優秀教員表彰。中央教育審議会専門委員。学習指導要領解説特別活動編2期執筆。県立高校を定年退職後、福岡市立福岡西陵高校校長となりオンライン学習をスタート。2022年より現職。

第四弾

情報も探究も、どちらも未来が詰まっている、本当に重要な教科です

探究のバイブルとも言える『学びの技』の著者のお一人、登本洋子先生。玉川学園で情報科の教員となり、「探究」に関わる。まだ今ほどに探究が重視されていない頃のことだった。登本先生が「探究」という教科に「強烈に引っ張られ」、大学で教員養成に携わるまでの、「学び」への思いをとことん聞いた!

登本洋子さん
のぼりもと・ようこ　東京学芸大学 先端教育人材育成推進機構 准教授。玉川学園高学年（中3〜高3）情報科教諭・情報科教科主任、桐蔭学園中等教育学校／高等学校情報科教諭・探究統括主任を経て現職。東北大学大学院情報科学研究科博士課程修了、博士（情報科学）。

聞き手：**法貴孝哲**
清真学園高等学校・中学校教諭
学びーイングサポーター

小中高、それぞれの「先生」になりたかった

法貴◆僕が登本先生に興味を持ったのは、ある講演会で探究について、すごく楽しそうに喋っていらっしゃったからなんです。「この先生はいったい何モノだろう」（笑）と。調べると、面白い経歴をお持ちの方でした。ご出身は九州なんですね？

登本◆そんな情報、どこにありました!?はい、九州出身です。

法貴◆僕はインタビューする方のことは、かなりしつこく調べるんです（笑）。どういう子ども時代だったのか、伺わせてください。

登本◆そうですね、いろいろ挑戦してみたいという気持ちが強かったように思います。「勉強しなさい」と言われることも少なく、自分で自由に考えられる時間がたくさんあった環境だったことは、今思えばありがたいことです。

法貴◆学校、教育にどういうイメージを

持たれていましたか？

登本◆学ぶことは好きでした。勉強というよりも、何か新しいことを知ることが好きだった記憶があります。先生や友達に恵まれて、学校もとても楽しくて、こんな環境で働けたらいいなとずっと思っていました。だから、小学校の時は小学校の先生、中学校の時は中学校の先生、高校では高校の先生になりたいと思っていました。

法貴◆「いい先生だったなあ」という先生はいらっしゃいますか？

登本◆いい先生にたくさん出会いました。お一人は中学校で3年間担任だった、体育の先生です。先日同窓会に出席したときに、先生が、「全員に学習を習慣づけることに苦労した」と話されていて、丁寧に育てていただいたと感じました。

　人って、一つだけのきっかけでは、なかなか学びや成長につながらないように思います。学校の良さは、いろんな先生や友達がいることです。この先生とは合わないということがあっても、他の先生の言葉で変わったり、ある人から見たら合わない先生かもしれなくても、自分にとっては何かを変えてくれる存在だったり。学校での先生や友達との出会いというのは大きいと思います。

法貴◆教員になりたいと思って大学に進学されて、最初は国語の教員免許を取得されたんですよね？

登本◆国語の免許を持っていることを自分から言ったことはないので、ほんとに

法貴先生の情報収集力、すごいですね（笑）。いろいろ調べてくださり、ありがとうございます。

　教員としてのスタートは国語で、国語という教科もとても好きでしたが、だんだんとITが持つ幅の広さのようなものに強くひかれるようになりました。国語も面白いし、大切な教科ですが、社会に出る前に、ITを学んだら子どもたちにもっといいことがあるのではないかと思ったのです。

法貴◆なぜICTだったんですか？

登本◆ICTはどの生徒にとっても「必ず役に立つ」と断言できると思ったからなんです。国語よりも重要な教科なのではないかと思ってしまったのですね。

　国語は、文章を軸にいろんな世界に行くことができる教科だと思うんです。書かれた文章から、もう本当に、いろんな世界に、海外にも行くことができるし、ありえない世界にも行くことができます。そして、その現代版が「情報」だと思うのです。コンピュータを使えば、いろんな世界に、国語のような文字の世界にも、動画の世界にも行くことができます。さらに、自分が考えていることを多くの人に、いろいろな方法で発信することができます。

　国語も情報も、私からすると似ている面があるのですが、「これはなんて素晴らしい教科なんだろう！」と感動して（笑）、教科「情報」の教員となりました。

　「国語よりも情報がいい！」と思って

のスタートでしたが、教科「情報」を教えることを通して、国語も重要だということに気がつきました。当たり前のことですが、ITにしても、何か他のどんなことを学ぶにしても、多くのことは文章を読むことができなければ、理解することができません。読み書きの重要さを思い知らされました。情報の教員になることを選びましたが、国語も同じくらい大切な教科だと思っています。

「情報」の先駆的学校、玉川学園で教師に

法貴◆情報を教え始めたのは何年前からですか？

登本◆15年ほど前のことです。

法貴◆15年前というと、情報は、まだあまり重要視されていなかったですよね？　未履修問題も話題になりました。

登本◆そうでしたね。2025年1月の共通テストから、「情報Ⅰ」の出題が始まるため、教科「情報」自体も最近できた教科のように言われてしまうこともありますが、2003年度から始まっていて、すでに20年が経っている教科なんですよ。

法貴◆その頃、生徒たちの授業での反応はどうでした？

登本◆私が初めて情報を教えた玉川学園は、小3からプログラミングをしたりタブレットを使ったりしての情報教育が行われていました。しかも、その頃すでに保護者と生徒と教員がメールやチャットでやり取りできるシステムが整えられていました。情報教育、STEM教育において、先駆け的な学校だなと今でも思います。

私は中3から高3までを教えていました。生徒たちは小3からICTを活用した授業を体験しているので慣れていたし、楽しんでくれていたと思います。

さらに、とても良かったのは、教科「情報」の必修の授業は2単位でしたが、選択科目としての「情報」もあったことです。例えばプログラミングの授業を高校2年で3単位、高校3年では4単位というように選択することができました。IllustratorやPhotoshop、InDesignといったソフトを使って学ぶことができるCGD（Computer Graphic Design）、GarageBandやCubaseといった本格

的なソフトを使ってパソコンで音楽を作るCPM（Computer Music）といった授業もありました。日本語文書ソフトや表計算ソフトを一通り学ぶことができる授業も選択することができました。

　そうした授業が、例えば地理、歴史などと同じ授業枠で選択できるようになっていて、大変充実していました。これからの高校はこうなっていくんじゃないかというような授業体制が、すでにその時行われていました。

法貴◆今と昔の情報教育を比べて、差異みたいなものは感じますか？

登本◆その当時の一般的な学校だったら、パソコンの電源の入れ方やタイピングから教えなければいけなかったでしょうが、玉川学園はそうではなかったので、今と比べて「初期の頃の情報だった」という感じはあまりありません。むしろ今でもとても進んでいた、と思います。当時、例えばWordやExcelだけを教えるような学校も少なくなかった中で、ちゃんとコンピュータに親しんで、社会の情報化の流れを知って、科学的に理解する、というように、体系的な情報教育が行われていました。

　一方、日本全体としては、小学校、中学校での取り組みも進み、学習の内容の質が上がってきたことを感じます。

法貴◆授業で、登本先生が大事にされていたことは何ですか？

登本◆教科「情報」の授業では、単なるスキルの習得に陥らないようにというこ

とを気をつけていました。例えば、生徒たちが普段当たり前に用いている写真や動画がどのようにコンピュータで取り扱われているのかといった仕組みに興味を持ってもらえたらということを大切にしていました。私たちは写真や動画を日常的に撮りますが、それが、いったいどのような仕組みなのか、知って使ったら面白くないでしょうか。

　ただ、教科「情報」は、基本的には2単位（週2時間）なので、いつも少ないと思っていました。時間との戦いもありました（笑）

法貴◆次に、玉川学園での探究の授業がどんな様子だったのか、教えてください。

登本◆これもまた先駆け的なのですが、その頃すでに「探究」にも力を入れて取り組んでいました。玉川学園の創立者である小原國芳先生は「与えられた知識よりも自ら掴んだ知識が尊い」「大いに考えさせ、学ばせ、工夫させ、夢を夢みさせてほしい」などの言葉を残されていて、「探究しながら学ぶ」ことが、創立当初から大切にされている学校でした。2022年度から高等学校では、「総合的な学習の時間」が「総合的な探究の時間」になるなど、今でこそ探究は大事だと認識されていますが、玉川学園では、創立当時から探究することが大切にされていました。

　こうした玉川学園で最初の仕事ができたことに、私はとても感謝しています。そこで私は探究に強烈に引っ張られていくことになるのですが、私が勤めていた

当時、「生徒たちはもっと探究のスキルも身につけた方がいいのではないか」ということから、中学3年に「学びの技」という授業が立ち上がりました。

その授業用に作ったテキストを譲ってほしいという声を多く頂戴して作成したのが『学びの技　14歳からの探究・論文・プレゼンテーション』という本です（初版2014年、玉川大学出版部）。今、学習が「学び」の本質から逸れ、形骸化してしまっている部分があると思うんです。探究の授業で、子どもたちが「学ぶってやっぱり楽しい」と感じ、他の教科の学習に戻ったり、教科で学習したことを探究に生かしたりしてほしいという思いでずっとやっていました。

法貴◆そういう経緯だったんですね。登本先生は、司書の免許もお持ちですよね？

登本◆おーっ、そのこともよくご存知ですね！　はい、探究の関係で図書館のことを知っておいた方がいいかなと思い、司書教諭の資格も取りました。図書館のラーニングスペースや本をはじめ、さまざまなメディアをいかに使うかということは探究の質を高めるために大切なことです。

法貴◆7、8年前に玉川学園におじゃまして、生徒のポスター発表を拝見しました。今でこそ多くの学校がそうしていますが、ちゃんと身近なところの課題から入って、研究ではなくきちんと「探究」をやっているなという印象でした。7、8年前には、『学びの技』はもう出版されていましたよね。

改訂版 学びの技　14歳からの探究・論文・プレゼンテーション

登本洋子 伊藤史織 後藤芳文／著　玉川大学出版部
ISBN978-4-472-40631-7　定価1,980円（税込）

〈主な目次〉
Prologue 0_探究に向かう技
Chapter 1_論題設定の技
Chapter 2_情報収集の技
Chapter 3_論理的に考える技
Chapter 4_発表する技
Chapter 5_論文を書く技
Chapter 6_評価の技

改訂版
学びの技
14歳からの
探究・論文・プレゼンテーション
登本洋子 伊藤史織 後藤芳文

　初版から約10年ぶりに改訂。登本先生が博士課程で学んだ内容や新たな視点、また玉川学園でその後加わった授業の工夫、社会の変化などをふまえ、かなりブラッシュアップしたという。「体験を重ねて見えて来た、子どもたちや先生方が迷いやすいところに着目しました」（登本先生）。

すでに探究の授業が確立されていたということですね。

登本◆「学びの技」がスタートしたのは、2008年なので、もう15年ほど前のことになりますね。

今のようにテキストや教材も少ない時期に、探究を進められていたのは、玉川学園の精神や先生方の理解と情熱があったからだと思います。どうやったら生徒にわかってもらえるか、どうしたら生徒が夢中になってくれるのか。試行錯誤をして、なぜうまくいったのか、いかなかったのかを、毎週、「学びの技」を担当する教員同士で話し合っていました。毎週の議論のうえに、各年度の最後にも、次年度どうするかということを振り返り、改善策を考え、それを毎年繰り返して作り上げていきました。

探究のバイブル『学びの技』

法貴◆僕の現在の勤務校はSSH（スーパーサイエンスハイスクール）に認定されているんですが、書籍『学びの技』が、私も含めた教員たちのスタートラインというところがあります。

登本◆ありがとうございます。

法貴◆何をやったらいいのか、何もわからないところから、あの1冊の本によって探究とは何かが「見えてきた」んです。だから、今の日本の探究の「もと」を作られた、と言っても言い過ぎではないと思っています。

登本◆法貴先生、ありがとうございます。

法貴◆私は数学の教員ですが、今の学校に来た当初から15、6年ずっと探究に関わっています。私は探究というのは、究極的な心の教育だと思っています。スキル面も確かにあるんですが、生徒の心に火をつける、自尊感情を伸ばす、心というところにアプローチしている。「自分らしさ」を引き出す教育が、探究なんじゃないかと思って今も取り組んでいます。

登本先生が一生懸命、仲間の方々と「探究をどうしよう」ということを毎日話し合って取り組んできた。そこから今、日本全土に広がってきているんだということを、今日話を聞いて改めて実感いたしました。

登本◆生徒の心に火をつけることは、全ての教科で必要なことですよね。小学校のある程度まで、子どもはみんな学ぶことが好きだと思うんです。ところが、学年が上がるにつれて、授業によっては、一度理解できないことがあると、ついていけなくなったり、その後も取り戻すことができなくなってしまうことがあります。遅れを取り戻すことができる余裕もほしいものです。

また、法貴先生がおっしゃるような生徒の心に火をつけるアプローチはとても大切ですよね。「探究は究極的な心の教育」という法貴先生の言葉、素晴らしいですね。やりたいことを見つけた時の生徒の爆発的な力はとてつもないと私は思っています。自分の中で、やりたいこと

をしっかり見つけられた生徒の成長は著しい。探究で「自分らしさ」を見つけてほしいですよね。

もちろん、調べたり、分析したり、発表したりという探究のスキルを身につけることも大事です。ただ、それが探究の中心になってしまうと、おかしいように思うのです。「これを解決したい」と生徒の心に火がついた状態で、必要なものを探したり、深めたりできるようになってくれるといいですよね。

探究に関しては、高校を卒業してから「やっておいて良かったです」と言ってくれる生徒が多かったですね。「こういうことを知っていると、もっと深いところまで探究できる」と実感するのだと思います。生徒によるでしょうが、高校の段階で大学のようにアカデミックになりすぎると、やる気を失ってしまったり、簡単すぎてもつまらないので、その塩梅も大切ですね。

法貴◆高校生に、「本当に好きなことを学校で好きなようにやってもいいんだよ」と承認するというだけでも、探究という授業は有意義だと思うんです。好きなことを人に教えたいという時、どう教えるのかという、その部分をスキルとして教えているという感じなんでしょうか。

登本◆そうですね。そういったものもしっかり埋め込みながら、自分がやりたいことにちゃんとたどり着くということを目指したいですね。

桐蔭学園で「探究」を広める

法貴◆その後、玉川学園から桐蔭学園に移られたんですね。

登本◆私の中では、玉川学園で深めて、深めて、深めてきた探究を、今度は広く、広く、広めるという気持ちでした。ありがたかったのは、桐蔭学園は本当に熱い先生が多かったこと。それこそ、どうしたら生徒の探究心に火がつき、探究を深められるかということを熱心に考えてくださる先生が多かったです。そのように先生が熱く考えてくださると、生徒の探究心にも火がつきます。それが桐蔭学園で探究を担当させていただいた面白さだった、と思います。熱い思いを持った先生方ととても楽しかったですね。

法貴◆大学院にも通われていたんですよね。

登本◆そうです。学んだり研究することは楽しかったのですが、仕事との両立は、大げさではなく倒れてしまうかと思うくらい辛かったです（笑）

法貴◆東北大学の大学院ですよね。仙台に通われたんですか？

登本◆私の師匠である堀田龍也教授は、社会人のゼミ生が多かったので、平日ではなく日曜日にゼミを行ってくださったので、なんとか仙台まで通い、修了することができました。

法貴◆働きながら大学院で学ぶのは、相当きついですね！

登本◆そうですね。働きながら大学院に行くのは大変でしたが、堀田先生が素晴らしい先生で、教え方や自分の生き方なども含めて、大変大きな見地から実に多くのことを学ばせていただきました。本当にいろんな方向からこうしたらいいんじゃないか、と教えてくださって。いろんな人と出会わせてもくださいました。大変でしたが、大学院に行って、堀田先生の下で学ぶことができて良かったと思っています。

法貴◆見事博士課程を終えて、東京学芸大学の准教授になられました。

登本◆ありがとうございます。今、楽しくお仕事させていただいていますが、高校の教員もとてもやりがいがありました。特に私は、教科「情報」が大好きだったので、大学に移った最初の1年は違和感みたいなものがありました。なんというか、情報の教員ということに誇りみたいなものを持っていて、だからこそ、探究もうまくやりたいという気持ちがありました。自分のアイデンティティが、教科「情報」にあったのですね。今も授業を見ていると、「いいなぁ」「私もやりたいなぁ」と思います。

法貴◆なるほど、伺っていると、登本先生は「学びを楽しんで進んだ結果、今に至る」というところがあるんですね。

登本◆そうかもしれないですね。学ぶというのは楽しいことだなということは、ずっと思っています。そして、生徒にもそうあってほしいなと思います。小中高

で学びを嫌いにさせたらもったいない、ととても思うんです。せっかく毎日学校に行っているのに、勉強嫌いになって、大学生になって、社会人になったら損です。そうさせてはいけないと、強く思いますね。

探究とICTができる教師を育てたい!

法貴◆大学では、どんな授業を持たれているのですか?

登本◆はい。学芸大学は、教員養成大学ですので、先生になりたいという学生を教えています。教員は今相当ブラックだと言われていますよね。確かに、ブラックな側面があり、変えていかなければなりません。一方で、やっぱり私は、人を育てる、次世代に文化を伝承していく仕事はとても素晴らしいと思うんです。子どもたちを育てるということは、大変だけどやはり素晴らしい仕事だと思います。だから、苦しい面もありますけど、教員という職業でなければ得られないものや、魅力を学生たちにしっかり伝えていきたい。いずれゼミも持てたらと思います。

法貴◆持つとしたらどんなゼミですか?

登本◆できるなら、探究のゼミがいいですね。探究をできる先生、ICTをうまく活用していける先生が増えてほしいと思っています。

法貴◆ICTに関してはコロナ禍があったので、今まで敬遠していた方も使わなきゃいけない状況になりましたよね。そ

170

ういう先生に使い方を教えていくと、本当にみるみるうちに自分で学んでいくんです。自分のものにしている先生もかなりいました。探究も一緒なんですよね。

登本◆そう思います。大学や大学院に来てくださった方に探究を正確に伝えて、探究を敬遠しない先生が一人でも増えることに貢献したいです。

法貴◆生徒たちに広げ、学校に広げ、というところから先生方へというところに、対象が変わってきたということですね。

登本先生は現場でつくりあげてきた経験の上で研究をされているから、理論的なところも、実践的なところも両方ある。そして、さらにそこで学んできた学生が教師になって現場に入るという……、教育の現場が、ものすごく変わっていくという「ワクワク」が僕の中にありますね。

登本◆そういう授業をできたらいいですね。でも、確かに大学の先生から話を聞くと、よくわからないなということはありますよね。

法貴◆はい、どうしても理論が優先されるんでしょうね。そのまま現場でやろうと思うと、「ちょっとこれは違う」というところがあります。だから、登本先生のような方が大学で教えることはとてもいいと思いました！　理論と現場の感覚を融合させることは、高校と大学で連携してやってもいいことではないか、と本当に思います。

登本◆中高教員としての体験を生かして、

いい授業ができるようにがんばります。

法貴◆今日はありがとうございました。

登本先生が小学校から大学院までさまざまな恩師の方に出会えたことが今の登本先生を作っている、今につながってるということがよくわかりました。

登本◆ありがとうございます。人として生まれてきたので、人を育てたい。育てるというか、一緒に成長させてもらっています。人と人とが出会う、学校は素晴らしいとも思います。

法貴◆最後に、今後の野望というか、やってみたいことはありますか？

登本◆探究はまだまだ混沌としています。探究は、「学び」をどうするか、「学びのあり方」につながると思うんです。高校ではやっと取り組みが始まったところですが、全国的に見たらまだ戸惑いも大きいと思います。社会も大きく変わっていく中で生徒が力強く学んでいくことができるような、そういった教師を育てていきたいと思います。また、そういった研究を進めていきたいというところが目標です。

法貴◆情報はどうですか？

登本◆探究と情報は関連が大きいと思っています。情報教育をどうするのかということと、探究は私の二本柱だと思っています。

法貴◆本当に両方とも大好きなんですね。今日はありがとうございました！

記事構成：本郷明美

「アクティブラーナー法貴孝哲が行く」のコーナーを通して4人の「憧れ」に話をうかがった。

第1巻の下町壽男先生は、同じ数学科の教員として、海原雄山のような雲の上の人。「楽しく学ぶ」という変わらぬ軸を貫くためには、むしろ自身の変容が必要であることを悟り、その場その場の変化をしなやかに受け止めながら、校長を務めた。退職後は学校経営のアドバイザー的な仕事をしながら、数学をいまも教えている。

続く第2巻の森朋子先生は、私に「学ぶとは?」「授業とは?」の理論と変容のきっかけを与えてくれた人。学習科学の研究者として学び手の成長を追い求めていく中で「授業をデザイン」するだけでなく「学校全体をデザイン」することの必要性を感じ、学長となった。

そして第3巻の吉野明先生は、私に誠実かつ謙虚に学び続けることの大切さを自らの背中で示してくれた人。父親をはじめとする自身に近い存在の「教員」の言動に違和感を抱いたことで心に火が付き、44年間、1つの女子校の躍進に貢献し、校長となった。現在はその経験を活かし、共学校の教育に携わっている。

最後に本巻の登本洋子先生は、自分の好きを追求することの大切さと楽しさをあらためて教えてくれた人。学ぶということ自体が小さな頃から好きで、特に情報と探究の面白さに魅了され、それらを自分の中で深めたり、周囲へ広げたりしながら、自身も中高の教員から大学の教員へと立場を変えた。

インタビュー前の私は、毎回かなり緊張している。4人とも「憧れ」だからこそ、粗相があってはいけない、何かあるとそれこそ教育業界から抹消されるのではないか……(笑)とハラハラドキドキでインタビューを始める。ただ、それは開始後すぐに杞憂であったと分かる。

何よりも人間性が素晴らしい。「憧れ」の人たちが、自分はまだまだ、と謙虚に語る。さらに、教育を語るその語り口が楽しそうでたまらない。途中からこちらも楽しくなってしまい、終わったときにはいつもアッと言う間、かつ数日間は心の高ぶりが冷めやらない。現に、第1巻の下町先生にインタビューしたのはもう1年半ほど前になるが、正直一切そんな感じはしない。そのときの下町先生の楽しそうな顔がいまでも鮮明に思い浮かぶ。他の先生方も同様。多分、これは一生忘れないだろう。もちろん、4人に関わってきた生徒・学生たちはなおさら、その関わった日々を忘れないだろう。そのときの生徒・学生の楽しんでいる表情を想像するだけで、胸が高鳴る。

学校に行くのが嫌、学校で学ぶのが好き、横並びが嫌、縦の関係性が嫌……と、4人の学校に対して抱いていたイメージがきれいに違うことには驚いた。しかし、LOVE & HATEから生まれてくる問題意識が、4人それぞれの原動力となっていたことは間違いない。また、4人がどのステージにおいても貪欲に自身の学びを更新し続けていることはいうまでもないが、それらが「目の前の生徒・学生」の姿に起因しているという共通点も見落としてはいけない。どのように成長して欲しいかという理想を4人は確かにもっている。ただし、それをむやみに押し付けることはせず、その場その場の生徒・学生たちの現状を見取りながら、それぞれが最適解を模索してきた。いわば、目の前の生徒・学生にとってのプロフェッショナルを目指したからこそ4人のいまがある。

素晴らしい実践からは、学び手と教員の相互の成長があらわれる。むしろ、それがあらわれるから素晴らしい実践といえるのだろう。互いに成長し合うからこそ、それぞれの見える景色が広がり、新たな価値が生まれる。そして、次の段階が見えてくる。だからこそ教育って無限で面白い！そんなことを4人のエピソードから、あらためて感じた。

学校の主役は生徒。それはいついつまでも変わらない。ゆえに普遍的な教育なんてものは存在しない。今後さらに多様化していくであろう教育現場は、方法論だけの蓄積では対応が難しい。必要となるのはブレない根っことなるあり方。しかし、あり方をブレずに保つためには、変容が必要。変わらないために変わり続ける、このパラドックスが不思議でたまらなく面白い。

さて、いつもインタビューの最後に「野望」を聞いている自分だが、では自分の野望は？と言われると考え込んでしまう。この原稿も実は締め切りをとっくに過ぎていて、こっそりと職員室で書き上げているわけだが、何よりも自分は生徒たちとともに何かを発見・共創していくことが好きだ。いつもそれを優先している。きっとこれはこれからも変わらない。何をやるにしても自信のない自分だが、生徒たちと一緒なら、何でもできると思ってしまう。それこそ思わず「僕、最強だから」と言ってしまいそうなくらいだ。

つくづく自分は、学校が好きなのだと思う。そして、こうやって原稿を書きながら、自分は未来を創ることが大好きなのだということに気づく。4人の先生方と自分は違うので、その真似をしようとは思っていない。きっと、これからも、流れに身を任せながら、未来を創ることを自分は続けていくのだろう。漠然としているが、それが自分のあり方。

さて、次は誰に話を聞こうか。そんなことを考えているうちに、授業の時間が近づいてきた。これで原稿は一旦終わりにしよう。旅はまだまだ続く。

教員と生徒のアクティブビーイングとは
──土台から考えるアクティブラーニング

学び続ける教師のアクティブビーイング

この連載では、「主体的学習者の育つ学校・授業とは」という視点から、4回にわたり教員のありかたについて考えている。
最終回の今回は、教師の学びを中心に……。

河口竜行

和洋国府台女子中学校高等学校 教諭
学びーイングサポーター

「学び続ける」の「学び」って?

漢文の授業時間に、「学びて時に之を習ふ」という論語の文句を読むたびに、まずは学ぶと習うとの違いについて扱う。「習う」は人から習う、ではなくて練習・演習・習慣というように「くり返して身につける」ですよねと。

そしていつも、ところで「学ぶ」ってなんだろうねと、自分でも説明できないことを生徒に投げかけてしまう。辞書をひいたところで、それはつまりどういうことなのか、までは書かれておらず、もやもやしたままである。

学んだことにより、自分の思考や行動が(要は自分が)変わる。つまり自分の思考や行動が変わる原因となる「入力」が学ぶだと説明してみたりもするが、それでも、もやもやが晴れるわけではない。

なぜ教師を? 学び続けることは問い続けること?

なぜ教師は生徒が何かを学ぶことを支援するのだろう。これを考えるには、やはり生徒にどうなってほしくて教師をしているのかということが問われる。そもそも自分はなぜ、何のために教師をしているのだろう、と。まさに「教師のビーイング」である。問いを投げかけたまま、答えることができないままでいつも同じようなループにはまっていく。そもそも学校は何のため? 授業って? と。

もしかしたら、いま「教え込むのではなく学ぶことの支援をしていこう」とか、「答えを教えてすっきりさせることより、問いを投げかけてもやもやさせ

ることを選ぼう」と自分が思うのも、問い続け考え続けているうちに、到達したということなのかもしれない。すると問い続けることが、学び続けるということなのか。

▉何を学ぶ支援をするのか?

教師でなくても、たとえば仕事を教える立場にあれば、その仕事の背景やノウハウを相手に教えることになる。このように限定・特化された場面では教える側の立場ははっきりしている。では教師はどうなのだろう。教科科目の知識を伝える。その教科の面白さを伝える。学ぶこと自体の楽しさを伝える。思考力を育てる……。各教科それぞれの目標もある。

あとはその教科の学びを通してどんなことを生徒に身につけてほしいのか。これが、「何を学ぶ支援をするのか」である。私は、ここは特に大切であると考えている。これがないと、まだまだ教科のペーパーテストが中・高・大の入試の中心なので、それをパスすることだけに教師が目を向け、生徒ももちろんそれにしたがって同様にテスト対策が学ぶということだと思うようになってしまう。

そして、大切であると同時に、ここが最難関であると思っている。教師の仕事がともすると終わりのない無限のものに、時間では決してくくれないものになってしまうのは、身につけてほしいと思う領域が、広すぎるからではないかと。

▉学校は外圧からしか変われないのか? 外圧でも変われないのか?

この連載の前半でも似たことを書いたが、私が小学生のときには、行進の練習というのがあり「全たーい止まれ、と言ったらイチニで止まれ!」と言われ、すぐに「そこできてない!　全体でやり直し!」となった。教室でタバコを吸っている先生もいた。中学生のときには、だらけている生徒を全生徒の前で蹴り飛ばす先生がいた。部活中、水を一切飲ませてもらえなかった。

いまはそんな学校はすっかりなくなった。ということは、いつのときか、これは良くないよと校内で改める動きになったのか。違う気がする。社会の流れの中でお上から指示があったり、保護者からのクレームがあったりで、仕方なく変わったのではないか。上の例に類することが、まだたくさん残っているのではないか。社会はその後も加速しながら変わり続けている。学校は(私たち教師は)その社会の変化を本気で見ようとしているだろうか。学ぶ姿勢があるだろうか。

対話型の学習も、「アクティブ・ラーニング」という言葉が出されたことで、ようやく学び始める人が増えた。探究学習にしても、生徒が自分でテーマを設定し、自分の知りたいことを自分から学ぶというごく自然なことがほとんど実現されていない状況の中、探究の時間というのがカリキュラムに入ったことでようやくそれに「対応」して取り組む学校が増えた。実際には生徒の主体的な学習が実現できている例はまだ少数なのが現状だ。自戒を込めて述べているが、学校の中だけの「普通」を、今後どれだけ変えていけるのだろうかといつも思っている。

■学ぶことは変わること?

本書の「編集委員の授業訪問」(148ページ)において、編集仲間に参観してもらう機会を得て、私が紹介・解説しているインプロ授業は、ずっと実行したいと思ったまま何年も経過してしまっていたものだった。

10年近く前、ある平日夜間に、一般社会人向けに開催されていた「心理的安全性」をテーマとしたワークショップに参加した。そこでは、職場内のコミュニケーションを活性化させる対話スキルの解説があったり、言葉や全身の動きを使ったミニゲームが行われたりした。その中で、ふと印象に残る言葉があった。「失敗を恐れることが減るだけでコミュニケーションは活性化する」「仲良くなることではなく、その場でふと抵抗なく相手とコラボできるようになることを目ざす」というものだ。

私はそれを聞き、これは国語の授業を作っていくときの重要なヒントになると思った。話す・聞くだけではなく、文章を読む・書くコミュニケーションにも十分に生かせる考え方だと思ったのだ。抵抗なく、わかると思って本文を読んでくれればわかるはずなのに、生徒たちは勝手に壁を作って読んでいることが多い。書くときにも、失敗を恐れ無難に書こうとしたり、正しい文章がどこかにあると思いこんでなかなか書けなかったりする場合があると感じていたのだ。振り返りのミーティングで、主催者の方々がインプロに関わっていることを知り、さっそく実際の舞台を何度か観に行く機会をもらった。インプロの実際の面白さにも触れ、より学ぶ気持ちになって始めたのが、本書掲載のインプロ授業である。

日常から何らかの研究に取り組んでいるわけでもない私が、何かを学ぼうと実際に学校を出たことでヒントを得ることができたことは、他にも数多くあっ

た。学ぶことで、人は変わっていく。学ぶ前の自分にはもう戻れないほど変わるのだ、とよく言われるが、私も本当にその通りだと思っている。

■学ぶことは出会うこと?

冒頭で挙げた論語の「学びて時に之を習ふ」は、「亦た説ばしからずや」と続く。人は皆何かを学び、くり返して習得・上達するとよろこばしいのだ。

さらに「朋有り遠方より来たる、亦た楽しからずや」と続く。「朋」は志を同じくする「とも」。学んだことについて同志と議論するのはなんとも楽しい。学ぼうとして学校から出ると、途端に「学んでいる人々」と出会うことができ、あれこれと対話する楽しみも増える。

授業も同じだ。黙って聞いている授業よりも、対話型授業のほうが楽しいに決まっている(笑)。生徒たちは次々と仲間の新しい感じ方・考え方に触れ、自分を更新していく。授業者側の私たちも、生徒たちの議論・対話の中から常に新しい発見をして、授業も自分も更新されていく。そうなのだ。授業というのはそのものがすでにいつも即興(インプロビゼーション)なのだ。

■学ぶことは生きること?

今年度も台風や雪で何度か授業が中止になった。そんなときには、自分も「やったー」などと生徒と同じように喜んでいる。しかも心から(笑)。

しかし、いま自分が「幸せだな」と感じることができることの理由の一つは、日常の仕事の多くの割合を占めてきた「授業」が、ずっと自分にとって楽しいものだったからではないかと思っている。教員になったばかりの37年前にもそうだったし、授業を通して生徒とともに自分も学んでいるのだと確信してからはさらにその楽しさは増したように思う。

子どもの頃、机に向かって勉強するのは嫌いだったけれど(いまもかなり……)、還暦のいままでこうして楽しく学んでくることができたのは、生徒や仕事仲間を含む、出会った全ての人たちのおかげであると思う。学ぶことは生きること、だろうか。連載の最終回は、全ての見出し、問いっぱなしで終えてみた。学び続けることは問い続けること、ということでお許しください。「教員と生徒のアクティブビーイング」、お読みいただきありがとうございました。

(完)

狩 猟 と Being

中高一貫女子校教師のダブルワーク日誌

その4
体験学習サイクルは
授業と狩猟をつなぐ

木村 剛

静岡雙葉中学校・高等学校 教諭
学びーイングサポーター

私は静岡市の中高一貫の女子校で理科の教員をしている。約30年前に横浜市で教員になると同時にキャンプなどの野外活動に取り組み、5年ほど前からは狩猟にも取り組むようになった。生物の授業も野外活動も狩猟も自然の厳しさ、生き物の面白さ、人と自然が対峙する点で、私のなかではつながっている。

野外活動と体験学習サイクル

　最終回となる今回は、まず野外活動の効果効能について書いてみよう。私が所属している神奈川県学校野外研究会（通称：野研）では毎年5月に教職員対象の講習会を実施している。主な参加者はその年に宿泊体験学習を担当することになる小学校の先生方であるが、少数の中高の先生方もいる。

　プログラムの中心は、コミュニケーションゲームの体験、キャンプファイヤーのノウハウと野外炊事のテクニックの習得である。基本的には週末に1泊2日で行われる。参加者のニーズがいちばん高いのはキャンプファイヤーのノウハウだ。宿泊体験学習で行われるキャンプファイヤーは子どもたちの期待度が高く、その担当になる先生方は藁にもすがる気持ちで参加する。また、野外炊事にも不安を持つ先生方が多数いる。2日間でそういった先生方にちょっとしたコツを伝授している。講習会の基本コンセプトは、まずは参加者の先生方が体験して、楽しむこと。そして、その感覚を自分たちの行事に活かしていただくこと。そんな気持ちで企画・運営をしている。毎回のことではあるが、初日の参加者の不安気な顔つきと閉講式でのやり切ったという満足気な顔つきを比較すると、体験することは人を変化させるとつくづく思うのである。

　俯瞰して見ると講習会のこの流れは「①実際の体験→②振り返りと観察→③概念化・一般化→④実践」という4つのステップからなる体験学習サイクルそ

のものであることに気づく。体験学習サイクルとは、コルブ（David A. Kolb）によって提唱された経験学習理論をもとに、経験から学びを得るプロセスを理論化したものである（詳細は『グループのちからを生かす』みくに出版、2005年を参照して欲しい）。

　講習会では

①実際の体験：コミュニケーションゲームで参加者がお互いを知り、協力して野外炊事でカレーをつくり、キャンプファイヤーのスタンツを考え、キャンプファイヤーを楽しむ。

②、③振り返りと観察、概念化・一般化：体験を踏まえ、現場に持ち帰るにはどうすれば良いかを考える。

④実践：来るべき本番に臨む。

　まさに体験学習サイクルである。体験学習そのものの効用は古くから「聞いたことは忘れ、見たことは覚え、体験したことは理解する」と言われている通りで、より良い体験学習を実施するには教員自身がその経験をすることが重要な要素だと実感する。

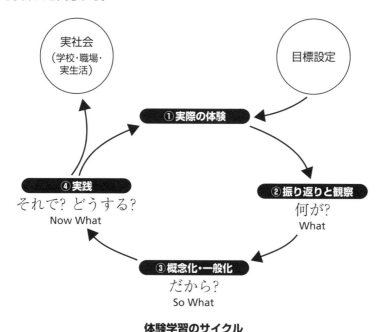

体験学習のサイクル

『グループのちからを生かす』をもとに筆者が作成

体験の価値は、どこにでも活用される

　体験学習のもつ価値は普遍的であり、コロナ禍を経た現在、その意義は学校現場で増している。GIGAスクール構想により一人一台端末が実現し、画面越しに何でも「見る」ことができるようになった今こそ、課題解決プロセスのなかでの「体験」が重要になっている。私自身は、大きな課題にグループで挑戦するときには、可能ならば寝食を共にするようなプログラムが望ましいと考えている。さらに注目したいのは、体験学習を企画・運営していく教員のスキルは、日常の授業づくりにも大いに活かされるということである。全体の設計はもちろんであるが、ゲーム指導や野外炊事、キャンプファイヤーなど個々のプログラムを取り仕切る指導には様々なスキルが含まれていて、そのスキルは普段の何気ない日常の場面や授業づくりに転用可能である。

　体験学習の主役は当然子どもたちであり、その子どもたちが楽しく、迷いなく、主体的に活動できるようリードしていくことが求められる。教室の学びにおいても「何を知っているか」にとどまらず「何ができるようになるのか」「どう活用するのか」が重要になっている。体験活動はまさにDoing＝行動であり、Doingするための的確な指示やポイント説明は、主体的な学びを導くプロセスそのものである。例えば、レクリエーションゲームを実施する場合、狙いに合わせてゲームを選択し、組み立てを考え、参加者の反応を見ながら、適切な指示を出すことが求められるが、指導のポイントをまとめると以下の5つになる。

　①目的を明確化する
　②ゲームの意義や効果を考える
　③ゲームの種目を選ぶ
　④全体に気を配る
　⑤組み合わせとタイミングを考える

　このポイントは授業に置き換えることが可能である。授業の目的を明確にし、問いや課題の効果を考え、選び、授業の進行においては全体に気を配り、組み合わせとタイミングを考える。つまり、「できるようになる」ために必要なエッセンスは共通なのである。多様な学び方が存在する今日、学校における授業の価値の一つは「ライブ」であることである。目の前の子どもたちの今その瞬間をどう見取り、どう動かすか。授業においてはこの5つのポイントは非

常に重要なことだと思う。

　残念なことに、キャンプファイヤーなどをプログラムとする宿泊体験学習は初等教育で行われることが多く、中等教育ではほとんど行われない。中等教育では生徒だけでなく、先生自身も体験学習に関わる機会がほとんど存在しない。キャンプファイヤーを仕切る経験とまでは言わないが、コミュニケーションゲームなどは是非経験してもらいたい。そしてホームルームや学年集会などでちょっとしたゲーム指導をやってみて欲しい。新たな気づきと学びがそこにある。

　私たち野研のなかで大切にしている8つの心得がある。この心得も私はすべて普段の授業における授業者の心得としている。

◆ゲーム指導者の8つの心得*

態度はキビキビ　服装はピッタリ　話はハキハキ　ルールはハッキリ

準備はシッカリ　指示はテキパキ　頭はスッキリ　心はユッタリ

*「服装はピッタリ」とは活動にふさわしい動きやすく、ジェスチャーなどがはっきりとわかるようなピッタリとした服装という意味

公と私、教員と猟師の往還が私をつくる

　元中学教師の原田隆史さんの著作に「仕事と思うな、人生と思え」という一文がある。私はこの言葉が好きだ。QOLを高めるために公と私を分けるという考えもあるが、教員という職業は公と私の往還がとても重要であると思う。

　公と私の中間にある「野外活動」は私を「狩猟」に導いた。「狩猟」という経験から得た学びは、公である「学校」の場で活かされている。それは私の専門である理科のコンテンツにとどまるだけでなく、プロセスにおいて得られる経験のすべては授業につながる。そして、授業は私の生活の大きな部分を占めている。この原稿が形になるころは春の猟期である。山に入るのが楽しみだ。

（了）

教室のGO

野研のGO

猟師のGO

連続企画 2人のファシリテーターが
教育や学校についてアレコレ語ってみた──④

ファシリテーターは何者なのか？

場づくりの目的、協働でつくる場

ワークショップ会社 Active Learners を立ち上げたファシリテーター2人がぺちゃくちゃ語り合う本シリーズ。最終の第4回は、2人の場づくりへの考えとそれぞれのあり方について話しました。

山ノ内凛太郎   **米元洋次**
合同会社 Active Learners 共同代表 合同会社 Active Learners 共同代表
わぐわぐ Works コアメンバー 学びーイングサポーター

それぞれの経験と
そこで得た想い・考え方

米元◆りんさん（山ノ内）は、昔から場づくりやファシリテーションについての関心が高かったのかな？

山ノ内◆僕はずっと、ゴールとか目標・成功って何だろうと悩んでいたんだ。大学に入ってすぐに NGO に入ってチャリティーライブやフリーマーケットを開きながら、飢餓・貧困の現状を日本の人たちに伝えたり寄付金を集めたりしていたんだけれど、いつもモヤモヤしていた。お金が集まったら成功なのか、涙を流させたら成功なのか。そんな一時の行動や感情はずっと保ち続けられるのか、これで本当に世界は変わるのか、このイベントは何を目指しているのか…、当時

から考えていた。しばらく経ってワークショップを学んだ時に「この時間にここまでは目指そうって予め主催者と参加者で共有して一緒につくる」っていうゴールの考え方を知ってすごくしっくりきたんだよね。別に頂上を目指しているわけじゃなくて、ワークショップが担えるのは中腹まで。その先どこにいくのかわからないけど、次の行動の礎になるような、この場ではここまで目指しましょうっていう感覚。この場が何のためにあるかを明確にして参加者に理解してもらうことが必要だと思ったよ。

米元◆なるほどね。教育の場は、ざっくりした意味でのゴールは結構、明確なんだ。例えば生きる力をつけるとか、自ら考えて行動できる人になってもらうとか。学校は、そこでの経験と生活を経て

生徒が自立していく過程の場だと思うんだけど、教員にとって難しいのは、その方向性の中で、生徒一人ひとりが自分でいろんなことを考えて、経験して、それぞれが前よりも成長できるようなクラス経営や授業運営ができるかということなんだよね。自分がやっていることが本当に生徒の成長に結びついているのかって、教員になった頃から僕自身ずっと悩んでいた気がする。今自分がやっていることが、描いているゴールに沿っているのか確認・検証する姿勢はいつも大切にしたいね。

ファシリテーターが消える場づくり

山ノ内◆2人でよく話すけど、特定の着地点というか、こちらが想定している落とし所のような、自分の想定通りのアウトプットが出るように物事を運ぶことがファシリテーターの仕事ではないと思うんだよね。

米元◆ファシリテーターって、内容面でこちらの主張や答えに誘導したいわけではなくて、そこに集まる人たちの多様さをうまく活かすことと、その場が終わった後、皆が次の一歩を踏み出したくなっている状態をつくることがミッションだと思う。予定調和の答えに持っていったら、参加者がお互いの違いを楽しんだり、次の一歩を踏み出せなくなるのではないかな。

山ノ内◆だから、参加者にとってその場

で起きたこと、そのプロセスや出てきた答えに納得感・充実感があるって最も大事なことだと思う。そう考えると、結局単純なことだけど、言いたいことが言えるとか聞きたいことが聞けるとか、そういう振る舞いをその場にいる全員ができていることが必要なんだよ。

米元◆先日、この本の1巻で原稿を書いてくださった市立札幌開成中等教育学校の黒井憲さんとお話しする機会があって、ご自身が講師として立つ研修でも日頃の授業でも、この場はここにいる皆でつくっているんですよって最初に理解してもらうらしいんだ。前に立って運営・進行を担う人が全てを司るわけではなくて、参加する人たちがその場をどうつくるか、相互にどう影響を与えているか気づいてもらうようにしているそうで、これってすごく大切な考え方だよね。4巻に寄稿してくださった立命館宇治中高の酒井淳平さんも、生徒に「与えてもらうお客様」から「価値を提供する生産者」になるよう伝えているそう。参加者・生徒と一緒になってこの場をつくるという考え方は、ワークショップづくりでも授業づくりでも共通しているね。

山ノ内◆参加者一人ひとりがその場でできることに気づいたり、それを楽しいって感じてもらいたいね。それが話し合いの場の醍醐味だと思うなあ。あの人の話を聞いてこんなことを思いついたとか、自分のこの発言があんなことにつながったとか、他の人の参加の仕方を見ていて気づき・学び

があったとか。自分もこの場をつくっている一員だと気づいてもらいたい。

米元◆グループトークを始める前に個人で考える時間を設けるという工夫もまさにそのためのもの。一旦、自分の言葉を整理して伝えられるように準備することで、対話が始まっても安心して話せる・聞ける実感を持てるし、他の人が丁寧に話を聞いてくれたり、発言によって何かが変わったりしたら、やっぱり嬉しい。

山ノ内◆こういう工夫を参加者自身が自主的にできるようになったら、前に立つファシリテーターはもう消えても良いステージだよね。まだ自分の考えが整理できてない中で話し合いが始まりそうな時に、ちょっと時間取ろうかって皆で合意して進められればそれが良い。そうなれば、自分たちで場を動かしている感覚がどんどん増して、より納得感・充実感のある豊かな場になる気がする。

米元◆参加者自身が参加しやすい場をつくれるようになることを促すのがファシリテーターの役割だね。

▌場を独りでつくらない・一緒に考える

米元◆独りで抱え込まないで2人で考えながら場づくりに臨むことは、Active Learnersでも大事にしているよね。

山ノ内◆メリットがたくさんあるね。本当にこれでいいのか常に考えながらやっているわけだから、自分以外の視点からどう見えるのか確認しながら進めていく

ことはとても効果的だと思う。

米元◆教員も独りになりやすいというか、いろんなことを考えて悩んでいる時に、自分一人で判断しなきゃいけないと感じがちな気がする。もっと「今これがうまくいっていない」とか「これ本当に効果あるか疑問なんだよね」って、一緒に場を見ながら相談することがすごく大切ではないかな。

山ノ内◆教室を、担当する先生とその教室の生徒だけの閉じた空間にしてしまうのはもったいないって思うよね。

米元◆もっと別の手もあるんじゃないかと考えた時に、自分一人だけでは限界がある。手間がかかるかもしれないけど、別の視点に加わってもらって一緒に考える・悩む方が良いと捉えたいね。

山ノ内◆自分の判断に悩む瞬間って度々あるはず。そんな時は誰かに気軽に聞いてみてほしいな。そこで「それで良いと思うよ」とか「それならこういう手段はどうだろう」っていうやりとり・相談をすることで「よし、これでいこう」ってより納得して場をつくることができる。

米元◆あまり仰々しく捉えなくていいんだよね。「こういう時、どうしています?」「こういうつもりでこの活動をしているけど、他に良い方法はないかな?」くらいの気軽なコミュニケーションが日常的にできる環境を大切にしたい。

山ノ内◆いろんな先生のいろんなアプローチがある中で、この先生はこうやっているし、あの先生はこう考えているし…

Active Learners' EYE

場づくりのその先	協働的な取り組み
■その場・その時間で目指すゴールと、その先に参加者にどうなってもらいたいかというイメージを分けて考える	■気軽に場を観察し合い、考えや実践を共有しながら共に考えられる土壌づくりが重要
■参加者も場のつくり手。参加者自身が、自ら能動的に参加しやすい場をつくることができれば、前に立つファシリテーターは不要になる	

っていう情報を丁寧に共有しながら議論できると良いね。

米元◆ Active Learners自身が、ファシリテーターとかファシリテーションっていう言葉についての解像度を今もなお上げようとしている最中で、いつも自分たちのしていること・考えていることやあり方を見直しているよね。

山ノ内◆ ファシリテーターって何者なんだろう、僕たちはどうやってこの場に貢献できるんだろう、この振る舞いは参加者のためになっているだろうか…、そんなことを常に検証している気がする。

米元◆ 学校では毎年同じ世代の人を相手にしているけど、彼らを取り巻く環境はいつも目まぐるしく変化していて、それに伴って生徒のあり方や行動も変わる。これまで効果があると思ってやってきたことがいつでも通用すると決めつけずに、実践していることを日頃から見直す視点を持っている方が楽しいよね。

山ノ内◆ 当たり前だけど、一つとして同じ場はないわけで。なおのこと一人じゃ場づくりできないなって確信した（笑）。

（了）

イラスト：やまぎしともや

合同会社Active Learners

「人が集まる場を、もっと面白くする」をモットーに、独自に構築したファシリテーションのマインドとスキルを活かし、行政・教育機関・企業などが主催するワークショップ型会議・研修・授業・イベントにおけるプログラムデザインや当日の進行を担当。自ら学び、考え、動く「アクティブ・ラーナー」があふれる社会の実現を目指し、年間100件以上の場づくりを企画・運営。著書『参加したい場を、一緒につくろう。』(共著・自費出版)。
https://active-learners.jp/

Being History を実践するために

皆川雅樹

産業能率大学経営学部教授
学びーイングサポーター

本シリーズの目的 ▶ 本シリーズでは、「探究」とは何かについて考えてみたい。その際、「探究」に関わって、私（皆川）自身が気になった書籍を意図的に紹介し、その内容に基づいて述べていくスタイルをとりたい。したがって、「探究」について「探究」するとともに、それに関わる書籍へいざなう役割を本稿が担えれば幸いである。

1.Being History・歴史は誰のもの・自分事（自分ごと）

　「私たちが歴史を学ぶことを通じて、生徒も教師も自分自身の存在・あり方を探究することにつなげられる」

　このような考え方について、第1回に「Being History」と名づけて提案した。第2回には、学ぶ対象となっている「歴史」とは何か、歴史は誰のものかという問いについて考えてみた。第3回には、第2回で紹介したパブリック・ヒストリーの考え方に基づき、歴史を専門としない公衆にとっても歴史は、歴史学者という「他人」だけが考えたり、解釈したりするものではなく、「自分事（自分ごと）」にもできることについて考えてみた。

　歴史を学ぶことを「自分事」にするためには、①自分のなかに歴史を読むこと、②歴史と自分との関係をつなげたりくらべたりすることが考えられる。前者は、私の歴史（自分史）を語ることが思い浮かぶ。一方、後者は、学校における歴史の授業で実現できそうな学び方で、歴史という「他人」やともに学ぶ「他人」の存在が、「自分事」をうながしていく、と前回最後のところで述べた。

　第1回に紹介した**保苅実『ラディカル・オーラル・ヒストリー―オーストラリア先住民アボリジニの歴史実践―』（岩波現代文庫、2018年、初出2004年）**では、歴史学者だけではなく、「人々が歴史に触れる広範な諸行為」について「歴史実践」と名づけた。歴史を学ぶことを「自分事」にするための第一歩として、「歴史実践」という営みが意味を持ちそうである。

2. 歴史実践の六層構造

　小川幸司「〈私たち〉の世界史へ」（同他編『岩波講座世界歴史 01 世界史とは何か』岩波書店、2021 年）・同『シリーズ歴史総合を学ぶ③世界史とは何か──「歴史実践」のために』（岩波新書、2023 年）では、「歴史実践の六層構造」が提示されている。これは、**遅塚忠躬『史学概論』**（東京大学出版会、2010 年）が提示した歴史学の学問的手続き（歴史学の営みを分解した作業工程表）を参考に、小川氏が作成した歴史実践のプロセスである。

A　【歴史実証】問題設定にもとづき、諸種の史料の記述を検討（史料批判・照合・解釈）することにより、「事実の探究」（確認・復元・推測）を行う。

B　【歴史解釈】事実間の原因と結果のありよう（因果関係）やつながり（連関性・構造性）、そして比較したときに浮かび上がるありよう（類似性・相違性）について、問題設定に関わる仮説を構築することにより、「連関・構造の探究」を行う。

C　【歴史批評】その歴史解釈にもとづき、より長い時間軸やより広い空間軸においてみたときの意義や、現代の世界に対する意義について、「意味の探究」を行う。

D　【歴史叙述】歴史解釈や歴史批評を論理的・効果的に表現する「叙述の探究」を行う。

E　【歴史対話】以上の営みについて事実立脚性と論理整合性にもとづいて検証を重ね、特に歴史実証の矛盾や歴史解釈の矛盾のうえに歴史批評や歴史叙述が行われていないか、歴史批評や歴史叙述のありかたが歴史実証・歴史解釈を歪めていないかなどを、他者との協働によって考察することにより、「検証の探究」を行う。

F　【歴史創造】歴史を参照しながら、自分が生きている位置を見定め、自分の進むべき道を選択し、自らが歴史主体として生きることにより、「行為の探究」を行う。

　A・B・C 層は、問題設定に基づく史料類からの実証、解釈・仮説の構築やより長い時空間軸や現代世界からみた批評といった、歴史を見出す段階であり、D 層では見出された歴史を表現・叙述する。E 層では、A〜D の層を再検証する作業を他者との協働・対話を通じて行う。そして、F 層では再検証した

歴史を参照しながら、自分自身も歴史の主体に位置づけながら生きていく道筋
をつける段階であろう。A～D層では歴史家の仕事を参考にしながら自分で
（自分の経験や世界観を考慮しながら）歴史を検証し、E・F層では他者との対話を
経て歴史を自分事化し、自らの生き方・あり方も探究することになる。最終段
階では、Being Historyの実践につながる構造であろう。

3. 歴史の授業における教員のあり方

　学校・授業における歴史学習において、教員が板書・説明（いわゆるチョーク
&トーク）中心の授業を行い、テストで生徒が暗記した内容を復元することを求
める授業デザインの場合、教員側はA～D層を行うことができるかもしれな
いが、生徒側はそれらを行うことができない。教員は、教材研究や授業準備を
行う段階で、A～D層の営みを行うことが想定できる（A層の営みだけでも授業を
成立させることは可能であるが）。一方、生徒は教科書・副教材や配付されたプリ
ント・史資料類の内容に触れたり、読んだり、書かれている内容をそのまま書
いて表現したりすることなど行うことが想定できるが、A層で行う「事実の探
究」すら行わない場合が多いのではないか。

　A～D層の営みを教員だけではなく、生徒とともに行えるようにする授業
デザインが必要であろう。なお、前掲の小川幸司『シリーズ歴史総合を学ぶ③
世界史とは何か──「歴史実践」のために』では、松本サリン事件をめぐる教
員と生徒との歴史実践が紹介されている。また、加藤公明『考える日本史授業
5──「歴史総合」「日本史探究」、歴史教育から歴史学、歴史認識論への提言』（地
歴社、2023年）第3章第17節で紹介されている歴史総合の授業案「砂利鉄道っ
てなんだ？」もあげておきたい。一地域の歴史だけにとどまらない世界の歴史
的情勢をも検証できる可能性がある。そして、教員・生徒とともに歴史的な存
在としての自己を認識し、自分（たち）が歴史の主体として成長していくことに
つながるという。

4. Being Historyを実践するために

　皆川雅樹「これからの〈歴史総合〉の話をしよう──学びの「主体」として
の教員、「自分事化」の先にあるもの」（金子勇太・梨子田喬・皆川雅樹編著『歴史総
合の授業と評価──高校歴史教育コトハジメ』清水書院、2023年）で、教員としての「不

十分さ」を認識することの重要性を述べた。同書は、歴史総合開始１年目の授業と評価に関わることを中心にまとめたもので、16名の先生方の授業実践も記録されている。授業実践を読み通してみると、①教員として授業を行う理由や必然性を考える余裕がない、②教員同士のコミュニケーションや協働の不足、③先人としての教員による伝えるための努力不足、といった教員としての「不十分さ」が確認できた。ただし、これらについてあげた先生方は、できていないことを悲観するのではなく、むしろ前向きな気づきとして受け止めていることが共通している。自身の授業や教員としてのあり方と向き合うきっかけとして、授業実践が寄与した結果であろう。

　このような授業実践の準備の段階で、小川氏が提示した「歴史実践の六層構造」を考慮したり参考にしたりしながら、授業デザインをしていくことが良さそうである。しかし、言うは易く行うは難し、と私を含めた多くのみなさんは考えるのではないだろうか。教員は、目の前の生徒によって授業内容の精選や授業方法の工夫が必要であり、生徒との関わりを臨機応変にしていくことが求められる。ただし、完璧な対応は不可能であり、常に「不十分さ」がつきまとう。その「不十分さ」を、次の授業実践や歴史学習につなげていく。この繰り返しであり、この過程で「生徒も教師も自分自身の存在・あり方を探究することにつなげられる」歴史実践（Being History）を意識的に行う。

　「計画された偶発性理論（Planned Happenstance Theory）」という心理学者のJ・D・クランボルツ氏が提唱したキャリア理論がある（**J.D.クランボルツ・A.S.レヴィン**（花田光世・大木紀子・宮地夕紀子訳）**『その幸運は偶然ではないんです！』**（ダイヤモンド社、2005年）など参照）。個人のキャリアの８割は予想しない偶発的なことによって決定される、という考え方で、たまたまの出来事の積み上げが自分を形成するというものである。予期しない出来事をただ待つのではなく、自らが創り出せるように積極的に行動し、日常的な出来事に常に神経を研ぎ澄ますことで、偶発を意図的・計画的に次へとつながるチャンスへと変えていくべきだという。また、偶発を起こすために、好奇心・持続性・楽観性・柔軟性・冒険心といった行動特性が効果的だという。

　歴史実践やBeing Historyに意識的に取り組むことで、たくさんの偶発的な出来事や考え方と出会う場ができるのではないか。偶発のなかに「探究」の種がたくさんある、そう願いたい。　　　　　　（連載はおわり…探究はつづく）

ちとせ

高野知宙／著　祥伝社　2022年　定価1,760円（税込）

　執筆時高校生だった作者の「京都大好き」が小説全編にわたって溢れ出る。

　主人公ちとせが語る京都は、しばしばその変化を中心に表現される。「全てが、生きている町。いいえ、生まれ変わっていく町」「古いと片付けられかねないものがずっと新しくあり続けられるような不思議さがあります」……。

　故郷を離れ、明治はじめの京都に出てきて間もないちとせ。鴨川のほとりでたどたどしく弾く三味線の音が、姿よりも先に物語に登場する。

　病により徐々に視力を失う不安を抱えながら、ちとせは三味線を通して京の町で次々と新しい人、新しい風景・空気に出会っていく。特に人との出会いは無防備とも言える屈託のなさをもって、しかし能動的に重ねられていく。

　ちとせの出会う登場人物は、皆そろって自分の思いをまっすぐに伝える心と言葉を持っている。またそれを聞いて、率直に反応を返す相手がいる。そして互いに好意に甘える素直さを発揮しながら、癒され、変化し、気づきを得ていく。この自然な「対話」がなんとも心地よい。時に語気が強くなろうと、その背後にあ

る感情への互いの理解や思いが、深く、優しいのだ。

　「去年、京都文学賞最優秀賞を受賞した高校三年生の高野さんの受賞作が、単行本として出版されました！」中一の時から見てきていた作者の受賞の報には慣れていたが、さすがにこれには校内が沸いた。私の国語の授業に彼女がいたと思うとなんとも言えない気持ちだ。「言うたやろ、何も教えられることはない（座頭）」。

　作者は、自分の力を誇示することも謙遜することもない、達観したようでいて静かに熱いものを持った、出しゃばらないが尻込みもしない自然体の若者だ。「そうや、その意気や。尻込みせんところがまたいい（藤之助の父）」。

　最初は、作者を意識せず作品として読めるだろうかと心配した。もちろん杞憂だった。読みながら毎度同じようなところで泣き、毎度新しい発見をする。純粋に物語の読者として楽しんでいる。

　読み終わるのが惜しい本だが、大丈夫。また最初から読めばいい。たまには進学先の京都の町を嬉しそうに歩く作者の姿を想像しながら読むのもいいか。いやきっと無理だ。

（河口竜行）

菌の声を聴け
タルマーリーのクレイジーで豊かな実践と提案

渡邉 格・麻里子／著　ミシマ社　2021年　定価1,980円（税込）

　書店の書棚でタイトル「菌の声を聴け」に惹かれ偶然手に取った一冊。サブタイトルである「クレイジーで豊かな実践と提案」は正にその通りであった。

　著者である渡邉格・麻里子氏は鳥取県の山奥の智頭町でパンでもビールでも「野性の菌だけで発酵させる」というポリシーを持った「タルマーリー」という店を夫婦で経営している。格氏の経歴が異色すぎて面白い。10代ではパンクバンドでギターを弾き、フリーターを経て、25歳で大学に入学し、新卒で農産物流通会社に就職する。そして31歳で脱サラしパン職人になり2008年、37歳で千葉県で開業。その後岡山県を経て、2015年にはビール作りに取り組むために現在の鳥取県智頭町に移転した。前著の『田舎のパン屋が見つけた「腐る経済」』（講談社 2013年）は韓国でもベストセラーになり、国内外からパンを買いにくる有名店のオーナーである。

　パン作りやビール作りの話は非常に魅力的で、天然酵母のパン作りとはどんなプロセスで、何が大変なのか理解できる。タルマーリーでは、生物学的には同じグループではない酵母、麹菌（真核生物）と乳酸菌（原核生物）が同じテーブルで語られていることも面白い。野生の菌は水や空気といった環境だけでなく、ヒトの精神状態や材料となる小麦や米が有機肥料を使って栽培されていたどうかによって異なり、それによって製品の出来栄えも変わるとは驚きである。また、クラフトビール作りから見える日本のビール業界が抱える問題点や「教養主義者」の型を破って一人の表現者の境地に至る過程が赤裸々に語られている。『自分らしい表現ができる人が増えれば、社会はもっと風通しが良くなって、さらに多様性が生まれていくだろう。』（P145）

　そんな渡邉家の娘さんは本人の強い意志で青翔開智中学校・高等学校（鳥取市）に編入したそうだ。すっと腑に落ちるものがある。「クレイジーで豊かな実践と提案」から教育のあり方について深く考えることができる一冊である。**（木村剛）**

観察力の鍛え方
一流のクリエイターは世界をどう見ているのか

佐渡島庸平／著　SB新書　2021年　定価990円（税込）

「いい観察は、ある主体が、物事に対して仮説をもちながら、客観的に物事を観て、仮説とその物事の状態のズレに気づき、仮説の更新を促す。一方、悪い観察は、仮説と物事の状態に差がないと感じ、わかった状態になり、仮説の更新が止まる。」（19頁）

本書は「ドラゴン桜」「宇宙兄弟」等の数々のヒット作の編集を担当していた著者による「観察力とは何か？」の思索の過程をまとめたものである。

この書は良くも悪くも私を裏切った。当初はタイトルに惹かれ、観察力について学術的・体系的にまとめ、その鍛え方を記した書なのかなと思い、読み進めた。確かに途中までは期待通りの内容だった。観察を阻むものとして3つの要素を示し、その上で観察力を鍛えるには「問い→仮説→観察のサイクルを回すこと」が大切であると早い段階で提示して

いる。しかし、読了後最初に残ったのは、とりとめもない「もやもや」だった。確かに本書には「鍛え方」の明確な解答が記されていない。しかし、そんなことはどうでも良い。読了後の私に残ったのは「観察力って結局Being?」という問いである。

第4章で「学校教育や会社で『感情』と『関係』を切り離すようトレーニングされる」（154頁）辺りから、徐々に話が「あり方」に向く。そして、気づく。この書は観察力を一観点として、著者の「あり方」を覗き見ることで、個々の問いを創出させることをねらいとしていたということに。それに気づいてから、もう一度最初から読み直すと、所々の解釈が変わる。そうやって私は「観察力を鍛える」ということを体験した。

本書の中でも言及されているが、現在の学校教育では「正解主義」を求めすぎている。そんな中、見えるものだけにとらわれずに本当に大切なものは何なのかを「観察」していくことを我々教員が忘れてはならない。

（法貴孝哲）

心理・教育・人事のためのテスト学入門

繁桝算男／編　誠信書房　2023年　定価2,970円（税込）

　「テスト学」という名称を、本書で初めて知った。「テストの作り方、実施法、テスト結果の利用の仕方、テスト得点の統計的分析や評価に関する理論や技法を統合する分野」（ⅲ頁）である。本書では、①心理測定の基本問題（3章）、②大学入試など教育におけるテスト（1章・2章・5章・6章）、③人事におけるテスト（4章・7章）、④臨床におけるテスト（8章）、といったテストが利用される場面・分野について専門的に紹介している。

　「テスト」とは何か。私は、テストときくだけで血の気が引く。テストとは「受検者の特徴を数値化したもの」（1頁）であることは理解できるが、学校の成績評価や運動会などの優劣や順位付けがなされることは好きになれない。なぜテストが行われるのか。その目的は、「何らかの意思決定のために用いられることが多」く、「個人や集団の特性を知るためであっても、将来的にはある種の意志決定に使われることが多い」（3頁）という。学校の入学試験や企業の採用試験のようなテストは、結果が非常に重要な意味をもち、受検者の将来に大きな影響を与えるので、ハイステークステストという。

　テストがもつべき望まれる性質として、「客観性」「信頼性」「妥当性」「標準化」「等化」「公平性」といった観点があげられる。テストの目的を明確にしたうえで作成・実施することが望まれるとともに、以上にあげた6つの観点にも照らし合わせてテストづくりをする。初等・中等教育では観点別評価が実施・活用されているが、評価の一手段として利用されるテストについて、本書をもとに振り返ってみるのはいかがであろうか。

（皆川雅樹）

セカンドID
「本当の自分」に出会う、これからの時代の生き方

小橋賢児／著　きずな出版　2019年　定価1,540円（税込）

　私は、元高校教諭の、小さなワークショップ会社の代表兼プレーヤーであり大学教員でありキャリアコンサルタントであり修行中のドラマーである。2017年の起業から、感覚的には主・副の区別なく複数の活動に並行して取り組む「パラレルキャリア（＝複業）」を実践している。……というより自分の肩書きについて勝手にそう自覚しているだけと表現した方が適切かもしれないが、このような生き方が私自身のあり方によくマッチしているように思う。

　本書では、「普通の少年が突然俳優になったり、人生のどん底へ落ちたり、クリエイターや会社の社長になったり、本当に安定のないデコボコな人生を歩んできた」（175頁）という著者が、自身の半生を紹介しながらこれからの時代の生き方について語っている。「自分がいる場所以外の環境に行き、新しい刺激を受けては変化していく」（35頁）スタイルは、パラレルキャリアの考え方やメリットにも共通するように感じた。

　全体を通して、遠い未来の目標や計画に固執せず「その場で感じたこと、そのときにできることを一つひとつ」（4頁）

行うことがキーワードになっており、「『自分の内なる興味からの行動』の先で出会った景色や感情にこそ、自分にしかつくれない人生が隠れている」（125頁）といった点は、J.D.クランボルツのキャリア理論*に通じるところがある。

　他にも、自身の現在の価値観を常に相対化して見直す姿勢の重要さにも触れられている。「自分の中の常識と、それとは対極にある世界を知ることで、本当の自分の中心が見えてくる」（166頁）と、仏教の「中道」の教えを紹介し、複数の肩書きを持ったり異なるコミュニティに飛び込んだりすることで、多角的に自分のアイデンティティをアップデートできると示している。

　今の自分の感覚を大切にすること、自分のいる場や環境を複数持ったり変化させたりすることで見えてくる「次の一歩」を楽しみたいと思える一冊である。

（米元洋次）

*参考：J.D. クランボルツ・A.S. レヴィン著 花田光世・大木紀子・宮地夕紀子訳『その幸運は偶然ではないんです！ 夢の仕事をつかむ心の練習問題』（ダイヤモンド社、2005年）

シリーズ 学びとビーイング　全4巻

河口竜行　木村剛　法貴孝哲　皆川雅樹　米元洋次／編著

りょうゆう出版　2022年〜2024年

①定価1,650円／②③1,980円／④2,200円（定価は全て税込）

[4巻シリーズ各巻のテーマ]
①授業とは、学校とは何かを考える
②授業づくり、授業デザインとの対話
③学校内の場づくり、外とつながる場づくり
④学び続ける教師のあり方（Being）とは？
※詳しい目次、執筆者は本書196ページ以降を参照

『学びとビーイング』は学校や授業、場づくり、教師のあり方をテーマにした全4巻のシリーズである。

　まことに抽象的かつ壮大なテーマを扱っているが、このシリーズの最大の特徴は、これらのテーマについて現場で日々働く教員を中心に研究者、学生、教育関連企業、塾・予備校、NPOスタッフ、プロファシリテーター・インタープリター、など多彩な分野の人々が執筆していることだろう。編著者を中心とする編集委員会が日頃のネットワークを活用して執筆依頼していると思われるが、違った角度からの語りや感想、提言はテーマに対して多層的な光を当てている。

　もう一つの特徴は、4巻を通して掲載される連載企画であろう。「人生100年時代 還暦からの教員生活」を執筆するベテラン教師二人の論考は、いまその年代に近づこうとする教員にとって大きな励みとなるだろう。また教育書らしからぬ4コママンガも読者が自らを振り返るきっかけになりそうだ。自分が会いたい教育界の先達、トップランナーにインタビューをするコーナーも、徹底的な事前調査とインタビュアーのリスペクトのためか、インタビュイーの考えや実践に至る背景まで浮かび上がってくる面白さがある。その他の連載でも編著者の隠されていた思考の過程や生活が垣間見える。

　惜しむらくは、テーマへの寄稿をはじめ一つひとつの原稿の大半が4ページ程度であることや幼小教員の登場が少ないこと、本というスタイルの限界とも言えるがインタラクティブなやり取りが難しいことなどにより、広がりはあるものの、より深い議論まで達していないきらいがあることだろう。ここまでの議論をどう先につなげていくかについては、編著者の今後の奮闘に期待したい。

　このシリーズは4巻で完結となるが、学びとビーイングの編集委員会は形を変えて今後も存続するとのことである。いずれにしても、教育に関わる人々の学び（Learning）とあり方（Being）を正面から取り上げることは、これまでにない視点であろう。次の企画に期待したい。（編集部）

『シリーズ 学びとビーイング』1〜4巻に掲載された寄稿・連載の執筆者（インタビュイー）とタイトルをまとめました。各巻のテーマと刊行月は次のとおりです。
1. いま授業とは、学校とは何かを考える**（2022年10月）**
2. 授業づくり、授業デザインとの対話**（2023年5月）**
3. 学校内の場づくり、外とつながる場づくり**（2023年10月）**
4. 学び続ける教師のあり方（Being）とは？**（2024年4月）**
※ 執筆者のお名前、所属は、掲載巻刊行当時のもので所属の一部・肩書などは省略しています。

■テーマへの特別寄稿

1.いま授業とは、学校とは何かを考える

01 その「在り方」が学校を創造する　黒井 憲 (市立札幌開成中等教育学校)
02 オンライン授業を経験した生徒・教員の変化　櫻庭彩寧 (札幌新陽高校)
03 実践と汎化との狭間で　千葉 貢 (前・岩手県立大船渡高等学校)
04 楽しんでま〜す！──コンプレックスとワクワクと、毎年ルーキー宣言　長谷川弘和 (宮城県公立高校)
05 「学び続ける力」を身につけるための「学習方略」とは　藤牧 朗 (茨城県立並木中等教育学校)
06 激論！高等学校における観点別評価の導入に私たちはどう向き合うか　吉村大介 (茨城県立並木中等教育学校)
07 言葉を大事にして、学校を未来に向けてワクワクする場に　吉田邦孝 (岩瀬日本大学高等学校)
08 これからの学びのためのデジタル・シティズンシップ　笠原 諭 (西武学園文理高等学校)
09 「Student」から「Learner」へそして人間力を高める場に　生田直子 (聖学院中学校高等学校)
10 学校教育とは──対面で学び合うことの意義　佐野寛子 (東京都立小石川中等教育学校)
11 学校は「思考を熟成する場」である　松本祐也 (岩倉高等学校)
12 学校とは未来である　堀内陽介 (広尾学園中学校・高等学校)
13 命のゆくえ──学校とは何か　沖 奈保子 (ドルトン東京学園中等部・高等部)
14 変わりゆく学校で私たちは何を目指していくか　森山岳美 (青稜中学校高等学校)
15 教師としての僕の being　山本崇雄 (横浜創英中学・高等学校 他)
16 大学進学をゴールとしない学校だからこそ見えた「学校の役割」　近藤哲史 (横浜市立横浜総合高等学校)
17 答えが出ない問いと向き合う　佐伯亜里沙 (清泉女学院中学高等学校)
18 学校は「Well Beingな物語」を未来に手渡ししていく場所　鈴木映司 (静岡県立沼津東高校)
19 遠くへ行きたければみんなで行け──対話でつなぐこれからの学校　溝上広樹 (熊本県立熊本北高校)
20 世界創作のための学校を目指して　神﨑史彦 (㈱カンザキメソッド)
21 知之者不如好之者 好之者不如楽之者　横山北斗 (プロラーナー)
22 アドベンチャーを学校に　甲斐崎博史 (軽井沢風越学園)
23 学校にもインタープリターの視点を──体験、お互い、失敗から学ぶ　菊間 彰 (一般社団法人をかしや)
24 自分の原体験を探る　吉田真也 (筑波大学大学院人間総合科学研究群 教育学学位プログラム博士前期課程)
25 生徒の「問い」から、社会は変わる 学びをつなぎ、ウェルビーイングへ　山下真司 (リクルート Ed-tech 総研)

2.授業づくり、授業デザインとの対話

01 「総合的な探究の時間」の学びとビーイング（あり方）を考える
　西山正三 (宮崎県立宮崎東高等学校 定時制課程夜間部)
02 生徒が「わかった」「できた」を楽しめる授業づくりを目指して──深く思考し伝え合うために
　平川裕美子 (福岡県立大牟田北高等学校)
03 生徒の生き方に迫る授業づくりを目指して　黒瀬直美 (広島城北中・高等学校)
04 部活動運営に学ぶ授業づくり──「真正の学び」は部活動にある　美那川雄一 (静岡県公立高校)
05 生徒の選択肢を拡げる授業を考える　麻生裕貴 (浅野中学・高等学校)
06 「つながる」授業と対話　古谷美佳 (三田国際学園中学校高等学校)
07 人生に活きる「業」を授かる授業デザイン　上野裕之 (佼成学園中学校・高等学校)

4. 学び続ける教師のあり方（Being）とは？

■学びとビーイング 編集委員座談会　河口／木村／法貴／皆川／米元／安
1. 授業とは、学校とはなんだろう──私にとっての「学び」
2. 授業づくり、授業デザインとはなんだろう
3. 学校内の場づくり、外とつながる場づくりって、なんだろう
4. 学び続ける教師のあり方（Being）って、なんだろう

■編集委員の授業訪問（第2巻より3回シリーズ）
1. 法貴孝哲の数学Ⅲ　生徒が発見、創造する授業の向こう側へ
2. 木村剛の生物基礎、総合的な探究の時間　講義時間は少なく、学ぶ姿勢を身につけてほしい
3. 河口竜行の国語（現代文B）　すべてを「対話型」で進める国語　インプロ授業を例として

■徒然 !? 教育4コマ劇場 めがね先生の学校のシンソウ日記　辻 さやか（福岡市立中学校）
1. いくら授業が上手でも／部活動は誰のため？
2. 過積載に要注意／異動したら気になるコト
3. 教員を増やせばいいのに〜／絶対評価で何のバランス？
4. 思わずハマる教材研究／長期休暇中の先生

■人生100年時代 還暦からの教員生活のために
1. 逆境の時代のウェルビーイングとキャリア・デザイン
2. 目の前の生徒から学び続ける教師の Being こそ教師自身の Well-Being につながる
　　鈴木建生（ユマニテク短期大学）
3. 「助けて」と言えるリーダーシップ
4. 若手とコラボする UNLEARN の勧め
　　和田美千代（福岡大学人文学部 教育・臨床心理学科）

■アクティブラーナー法貴孝哲が行く！　法貴孝哲（聞き手・編集委員）
1. 憧れの「しもまっち」下町壽男先生にとことん聞いてみた　下町壽男さん（数学科教師・共育コンサル）
2. 「教育」が嫌いな学長 森朋子先生の「野望」に迫る　森 朋子さん（桐蔭横浜大学）
3. 生徒たちが成長して、社会全体を変えていくところが見たい　吉野 明さん（芝国際中学校・高等学校）
4. 情報も探究も、どちらも未来が詰まっている、本当に重要な教科です
　　登本洋子さん（東京学芸大学先端教育人材育成推進機構）
　　アクティブラーナー法貴孝哲の振り返り　4人へのインタビューのその先に

■教員と生徒のアクティブビーイングとは──土台から考えるアクティブラーニング　河口竜行（編集委員）
1. 生徒主体を実現するための教員自身のアクティブビーイング
2. 生徒が主体的に学ぶ授業を作るための教員自身のアクティブビーイング
3. 主体的な学びを促す場づくりのためのアクティブビーイング
4. 学び続ける教師のアクティブビーイング

■狩猟と Being 中高一貫女子校教師のダブルワーク日誌　木村 剛（編集委員）
1. 猟師と教師のダブルワーク、筋肉とお肉の話
2. Bee とビーイング
3. 解剖と解体は違うというお話
4. 体験学習サイクルは授業と狩猟をつなぐ

■2人のファシリテーターが教育や学校についてアレコレ語ってみた
　山ノ内凛太郎（合同会社 Active Learners）／米元洋次（編集委員）
1. 先生同士のファシリテーション、職員室の場づくり──生徒をどう手放すか？ そのために今、何をするか

特別寄稿・連載執筆、インタビューにご参加いただいた皆さんにあらためてお礼を申し上げます。
ありがとうございました。

『シリーズ 学びとビーイング』編集部からのお知らせ

読者、寄稿者、編集委員が広く、つながるために
　『シリーズ 学びとビーイング』は、教育に関わる皆さんの学びと交流のハブ（Hub）になることを願って刊行してきました。本書の寄稿者の多くや編集委員は、フェイスブックをはじめ、X（旧Twitter）、インスタグラム、note、ブログなどのSNSを利用して発信をしています。読者の皆さんから、ぜひアプローチしてみてください。いろいろなきっかけを活用して、読者、寄稿者、編集委員を巻き込む「学びーイング」のつながりをこれからもつくっていきたいと思います。
　全4巻刊行後も編集部として発信を続けていくつもりです。以下にご紹介するフェイスブックページ、LINEオープンチャットなどにもぜひご参加ください。

•フェイスブックページ「学びとビーイング」
　「学びとビーイング」についての刊行情報、トピック、イベント情報などを発信しています。「いいね」「フォロー」をすれば情報が届きます。
　　https://www.facebook.com/ManaBeing

•LINE オープンチャット
　「学びとビーイング」の日常的な情報発信や情報交換のスペースとして、LINEのオープンチャットグループがあります。イベントや出版情報も発信しています。右のQRコードからご参加ください。

•「学びーイングトークLIVE」アーカイブのご案内
　編集委員、寄稿者が登場するオンライントークLIVEのアーカイブをりょうゆう出版のYouTubeチャンネルで配信しています。
　　https://www.youtube.com/@ryoyu-pub/

河口竜行（かわぐち・たつゆき）

　この編集後記の手前のページに、シリーズ4冊すべての寄稿の執筆者名とタイトルが掲載されている。自画自賛になるが、壮観である。映画のエンドロールのよう、と喩えようと思ったが、あれは役割と名前だけだ。そんなもんじゃない。お名前とタイトルを見るだけで、読んだ時の、多彩で濃く深い世界が思い出され、もう映画の本編一本を観たような気になる。

　日本の学校は危機的な状況だ、教員の勤務はブラックだ、などとも言われる。そして、学校はアップデートできていないなどと私もぼやき気味のことを連載で述べているが、本シリーズにご登場いただいた方々の言葉に接すると、日本の学校も教育もまだまだ大丈夫なのではないか、と希望が湧いてくる。

　手にとってくださった人に自由に読んでいただいて、この本を対話のきっかけにしてもらえるといいね、と始めたこのプロジェクトだった。でも、できてみたら欲が出て、「読者の皆さまの元気をチャージし将来への希望を増すきっかけとなるシリーズであったら嬉しいな」と思うようになってしまった。こんな欲張りさんだが、当初の想像以上に、貴重な学びを体験させていただくことができたと喜んでいる。皆さまありがとうございました。

> 和洋国府台女子中学校高等学校国語科教諭。桐蔭学園・個人塾「河口塾」・渋谷教育学園渋谷を経て、23年4月より現職。産業能率大学経営学部兼任講師・キャリア教育NPO"JSBN"運営メンバー。コーチングの考え方・手法を用い、学びの主体である生徒・学生が、自分の意志で行動することのできる自立した存在になることを目ざした「対話型授業」を実践中。『アクティブラーニング実践』（分担執筆、産業能率大学出版部）、『アクティブラーニングに導くKP法実践』『えんたくん革命』（共に分担執筆、みくに出版）。

木村 剛（きむら・ごう）

　先日、ある方に本シリーズの第3巻を謹呈させていただいたところ、高校の先生たちがこういった内容（第3巻は場づくりがテーマ）を書かれるんですねと驚かれました。高校の先生はどちらかというと自分の専門教科の教育に特化されているイメージだとのことでした。そんな感想をいただき、このような本をつくることの意義を実感したところでした。最近、学校現場に対するイメージが悪くなっているようで、先生になりたい人が減っているそうですが、声を大にして言いたい。「学校はそんなに悪くないですよ」と。これまで100名を超す方々に寄稿していただき、様々な実践や想い、あり方を知ることができ、あらためて「教育」って面白いと思いました。多くの人に「学びとビーイング」を手に取っていただき教育の魅力を感じていただき、教育に関わっていただきたいと思います。そして、願わくば先生として現場に立って欲しいです。

　編集委員で様々なテーマについて真剣に対話し、学びとビーイングについて考える時間はとても有意義でした。まさに自己のあり方を見つめ直す機会でした。こういった対話の場が学校現場でも増えて欲しいし、つくっていかなければならないですね。いったんこのシリーズは完結しますが、新たな展開があることを確信しております。読者の皆さま、編集委員の皆さま、本当にありがとうございました。

> 静岡雙葉中学校・高等学校教諭（理科・生物）。アメリカンフットボールに集中した大学を卒業後、横浜市立高校の教諭となる。教員、野外活動の実践、少林寺拳法、ベーシストなど多様な分野で活動を続けてきたが、舞台を静岡に移してからは、狩猟免許を取得、生徒と一緒に養蜂にも取り組んでいる。『学ぶキミを引き出す物理基礎』（企画/執筆協力、ラーンズ）、『アクティブラーニングに導くKP法実践』（分担執筆、みくに出版）。

法貴孝哲（ほうき・たかあき）

　「理想のチームとは？」と聞かれたら、私は真っ先に「ルパン三世」を思い浮かべる。いつも彼らは一緒にいるわけではない。しかし、目的が一致すれば、気づくと自然と集まり、それぞれの役割を全うする。そして、目的が達成されるとまた解散する……。そんなチームがクールでかっこよく、小さい頃からの憧れだった。

　「学びとビーイング編集委員」はまさに「チーム ルパン三世」。いつもはそれぞれがそれぞれ

の場所で理想を実践・追求している。だからこそ（？）かもしれないが、「教育」と名のつくところに行くと結構な確率で会う。また、最近になって分かってきたことだが、実はそれぞれの教育観は微妙に違う。何が違うかと言われても、残念ながら言葉では表せない。だけど違う。しかし、目的としている方向性はだいたい一致している。だから、一緒にいると安心感が半端ない。

そして、読者の方々も含め、『シリーズ 学びとビーイング』に関わってきた人々はまさに「アベンジャーズ」。個々の熱力が半端ない。きっとこのメンバーが同じ職場で働くと、毎日が熱すぎてしんどい。会議でも始めるものなら日をまたぎかねない。不思議とそんな学校も良いなと思う自分がいるが、やっぱり時々集まって対話するくらいがちょうど良いのだろう。

そんな人たちがいるから、なんだかんだ日本の教育ってすごくて楽しい。毎回30人以上の半端ない人たちの感性に触れることができた『シリーズ 学びとビーイング』。毎日太陽のように子どもたちを照らす人たちが様々な場所にいる。教育を大好きな人たちがたくさんいる。それを再確認できたから、ひとまず、このシリーズはおしまい。

それぞれの旅はこれからも続く。**To Be Continued**……

> 清真学園高等学校・中学校教諭（数学）。SSH（スーパーサイエンスハイスクール）指定校にて数学の探究学習に15年以上携わっている。学校という時間と空間と思考を共有できる場で、自己・他者・教材との対話を通し、学び手がしなやかに成長していける授業づくりを追求している。東京書籍高校数学教科書編集委員、未来の教室ファシリテーションスキル研修修了。

皆川雅樹（みながわ・まさき）

最近読んだ本である三輪建二『わかりやすい省察的実践―実践・学び・研究をつなぐために』（医学書院、2023年）。冒頭の文章には、「仕事にたずさわる私たちは『学び続ける』ことが期待されている。……自分自身の専門職としてのあり方についてたえず振り返り、学び続けていくことが求められている」とあります。本巻のテーマともフィットするものです。専門職としての教師のあり方、それをたえず振り返り（省察し）、学び続けるために、本巻を含めた4巻の本シリーズは寄与すると自負しております。1～4巻に執筆していただいた方々の実践、経験やメッセージは、読者のみなさまのあり方を振り返り、次への学びや行動に誘ってくれるはずです。

本シリーズの企画段階で私が作成した資料を見直してみました。その資料の日付は「2021年3月21日」。テーマ案は「全世代『探究モード』宣言！」。目的は「答えのない議論へ向き合うことや問いを立てることが、子どもたちだけではなく、あらゆる世代でできるような社会（学校を含む）を考える」とありました。ここまで刊行してきた全4巻の内容にくらべると、テーマが「探究」と明確でした。ある程度売れる本をつくりたいという思いが、私にあったことがわかります。しかし、実際に刊行した全4巻は、「Being」という大きなテーマに包まれたもので、つかみどころも探りづらいものとなりました。ただ、このテーマと編集メンバーの河口さん、木村さん、法貴さん、米元さん、安さんのおかげで、私だけではつながりのないさまざまな方々の「Being」と出会うことができました。私自身も「Being」を振り返り、次への学びや行動につなげていきます。さて、次は何をしましょうか？　次巻は、現段階ではありませんが、予定通り全4巻刊行できました。安さん、これからもっと売っていきましょう！

> 産業能率大学経営学部教授。博士（歴史学）。元専修大学附属高校教諭（日本史）。日本古代史の研究を続けるなか高校教員となる。また、学習者を主体とした教育やアクティブラーニング型授業のあり方を常に追求。歴史学・歴史教育を越えた「Being History」という学びのあり方も探究中（本シリーズ全4巻連載参照）。『日本古代王権と唐物交易』（単著、吉川弘文館）、『アクティブラーニングに導く KP法実践』（共編著、みくに出版）、『歴史総合の授業と評価』（共編著、清水書院）などの著書あり。

米元洋次（よねもと・ようじ）

私は、学校現場に入職した当初から今でも、自分の授業やワークショップのつくり方にいつも不安を抱え、悩みながら前に立っています。この方法が本当にベストなのか、この場に意味・価値が生まれるだろうか……考えだしたらキリがありません。それが、自分自身が学び続けた

い・学び続けなければというモチベーションにもつながっている一方で、時にはそれが辛く苦しいこともあります。

　それでも私がこの仕事を続けてこられているのは、周りの人・環境にとても恵まれたからです。私よりよっぽどキャリアの長い先輩の先生方が、新米の頃の私と同じように授業づくりに悩みながら授業改善を続けていました。多くの先生と相互に授業見学をして活発に議論しました。私が夜の職員室で頭を抱えていると、近くにいた先生が食事に連れ出して話を聞いてくれました。校外の様々な方とつながる機会をつくってくれたり、他の先生方を巻き込んで関西の大学付属校ツアーや気になる学校への訪問旅行を企画してくれたりする同僚がいました。情報・意見交換ができるFacebookグループで質問を投げかければ、まだお会いしたことのなかった方々がすぐに役立つ情報を共有してくれました。そしてワークショップ会社を立ち上げた今では、切磋琢磨しながら共に場づくりを追究してくれる同志がいます。

　この本は、そのような環境づくり・つながりづくりのきっかけにすることができると思います。そもそも学校とは・教室とは・教師とは何なのか、幅広いたくさんの方々の寄稿から多くのヒントが得られます。視点を増やし、これからの活力を得る一助になればとても嬉しいです。

　最後に、編集委員の河口さん、木村さん、法貴さん、皆川さん、安さん、寄稿された方はじめ、この本の完成にご協力いただいた全ての皆さんに心より感謝申し上げます。本当にありがとうございました！

産業能率大学経営学部准教授。合同会社 Active Learners 共同代表。元専修大学附属高校教諭（英語）。「参加者が主体的に学ぶ場ができればファシリテーターは一見すると消える」という行動理念のもと、ファシリテーション・カウンセリング・コーチングなどの要素を取り入れたアクティブラーニング型授業やワークショップを展開。著書『参加したい場を、一緒につくろう。』（共著・自費出版）、『アクティブラーニングに導く KP 法実践』（分担執筆、みくに出版）。

安 修平（やす・しゅうへい）

　『シリーズ 学びとビーイング』の最終巻となる第4巻をお届けします。今回はシリーズ名にもなっているビーイング（Being）を正面に据えました。シリーズの企画の当初から、というか、編著者5人衆が揃った当初から、Beingについての本をつくりたいという話をしていましたので、紆余曲折はあったもののなんとかこの形まで到達して、約束を果たせたような気持ちです。なぜこのシリーズを企画したのかは、本の最初にある「刊行にあたって」に書かれていますが、4巻シリーズにしてあらためてよかったと思っています。ちなみに、なぜ4巻シリーズなのか時々聞かれることもありますが、編著者と共にやってみたいことと登場していただきたい方が1冊には収まりきらなかったことがいちばん大きな理由で、あとは、楽しいことは少しでも長くやりたい、4冊ならば気力体力資金力が続くだろうというところです。どれも本づくりには必須ですね。

　企画のスタートから4巻の刊行まで3年以上の時間が経っていますが、たくさんの方と原稿のやり取りやインタビューをしたり、ほぼ月に1回の編集ミーティング、編集スタッフとの打ち合わせなどを経て、うまく表現はできないのですが、いろいろなことが深まったような気がします。元々、出版社を始めようと思った理由のひとつが、このシリーズを出したかったからでした。その願いはかないましたが、さて、次はどうしよう？

　4巻をとおして原稿、インタビュー、取材などをお願いした方は、120人を超えました。このシリーズの刊行のためにお力添えをいただいた皆さんに心からお礼申し上げます。どうもありがとうございました。

合同会社りょうゆう出版代表社員。早稲田大学第一文学部ロシア文学専攻卒業後、母校の職員となり広報や教務事務を経験。30歳代半ばで出版社に転職後、大学関連企業、学習塾など経て再び出版社へ。2019年に退職後、どうしてもつくりたい本があって、2020年にりょうゆう出版を始める。

シリーズ　学びとビーイング
編集委員（学びーイングサポーター）
　　　　　　河口竜行（和洋国府台女子中学校高等学校教諭）
　　　　　　木村 剛（静岡雙葉中学校・高等学校教諭）
　　　　　　法貴孝哲（清真学園高等学校・中学校教諭）
　　　　　　皆川雅樹（産業能率大学経営学部教授）
　　　　　　米元洋次（産業能率大学経営学部准教授、合同会社 Active Learners 共同代表）
　　　　　　安 修平（合同会社りょうゆう出版代表社員）
編集協力　　猿田詠子
　　　　　　本郷明美
DTP・デザイン　山中俊幸（クールインク）

■シリーズ　学びとビーイング
1. いま授業とは、学校とは何かを考える
　　ISBN978-4-910675-03-9 C0037　2022 年 10 月刊行
2. 授業づくり、授業デザインとの対話
　　ISBN978-4-910675-05-3 C0037　2023 年 4 月刊行
3. 学校内の場づくり、外とつながる場づくり
　　ISBN978-4-910675-06-0 C0037　2023 年 10 月刊行

シリーズ　学びとビーイング
4. 学び続ける教師のあり方（Being）とは？

2024年4月23日　初版発行

編著者　　河口竜行
　　　　　木村 剛
　　　　　法貴孝哲
　　　　　皆川雅樹
　　　　　米元洋次
発行者　　安 修平
発行所　　合同会社りょうゆう出版
　　　　　〒 349-0217 埼玉県白岡市小久喜 1102-4
　　　　　電話・FAX 0480-47-0016
　　　　　https://ryoyu-pub.com/
印刷・製本　中央精版印刷株式会社

ISBN978-4-910675-07-7 C0037